중국어로 탐구하는

중국근현대사 하

中國近現代史

이태준 지음

신아사

머리말

우리나라에서나 중국에서나 모두 중국 근현대사에 대하여 간략하고 이해하기 쉽게 정리된 책을 발견하기 어려운 것이 현실이다. 중국 고대사의 다양한 사건과 인물들을 흥미롭게 묘사한 출판물들을 다양하게 접할 수 있는 것과 비교할 때면 더욱 아쉬움이 느껴진다. 또한 국내에 중국어 독해에 관한 수많은 교재가 존재하지만 중국의 근현대사에 대해 중국어로 소개한 책 역시 찾아보기가 힘들다.

상 · 하권으로 나뉘어져 있는 본서 각 권의 전반부에는 중국근대사의 시작이라고 할 수 있는 아편전쟁부터 현대 중국의 가장 최근의 일들까지, 즉 제1, 2차 아편전쟁, 태평천국(太平天國)의 난, 양무운동(洋務運動), 무술변법(戊戌變法), 의화단(義和團) 사건, 청말신정(淸末新政), 신해혁명(辛亥革命), 원세개(袁世凱)의 독재, 중화소비에트공화국, 대장정(大長征), 중일(中日)전쟁, 국공(國共)내전, 그리고 중화인민공화국의 수립 이후 역사의 흐름을 개괄해보았다. 일반 독자들은 우리말로 서술된 내용을 통하여 짧은 시간 내에 중국근현대사의 전반에 대하여 이해할 수 있으리라고 본다.

본서의 후반부에는 중국근현대사의 여러 사건들을 50부분으로 나누어 중국어로 간단하게 정리해보았다. 중국어 대한 기초 지식이 있는 독자들은 이 이야기들을 읽으며 다시 한 번 중국근현대사의 구체적 내용을 확인할 수 있을 것이다. 중국어 학습 경험이 없는 이들은 우리말 해석을 통하여 중국근현대사의 주요 사건들을 파악해볼 수 있으며, 관련 중국어 단어와 문장을 반복 학습하다 보면 중국근현대사에 대한 지식은 물론 어느새 중국어 실력마저 향상되었음을 발견할 수 있으리라 믿는다.

중국인들과의 대화가 일상생활에 관한 것에 한정되지 않고 역사에 대한 토론으로 이어질 수 있다면 그들과의 교류가 한층 풍요롭고 수준 높게 진행될 수 있을 것이다. 중국은 어차피 우리와 매우 가까운 곳에 존재하며 싫든 좋은 영향을 주고받는 불가분의 관계이다. 눈앞의 경제적 이익 뿐 아니라, 역사, 정치, 외교, 군사, 문화 등 그들의 여러 분야에 대해 꾸준히 연구하고 탐색해 나아가야 한다. 그 중 우리의 근현대사와 밀접한 관련이 있는 중국의 근현대사를 알아 나가는데 있어 본서가 작은 디딤돌의 역할을 할 수 있기를 희망한다.

마지막으로 본서가 출간될 수 있도록 많은 도움을 주신 신아사의 정현걸 사장님과 한규갑 상무님, 김금란 실장님, 그리고 그 밖에 여러 직원 분들께도 깊은 감사의 뜻을 표한다.

2024.12월

저자 이태준

목 차(하권)

Ⅰ. 중국근현대사개관

Ⅱ. 중국어로 탐구하는 중국근현대사

I

중국근현대사 개관

청말신정과 신해혁명

청말신정과 신해혁명

서태후의 신정상유 공포

의화단 사건 이후 8개국 연합군은 청나라의 수도 북경을 유린하였으며 청나라는 할 수 없이 이들 국가와 신축조약(辛丑條約)을 체결하였다. 청나라는 막대한 배상금을 지불해야 했고 많은 이권을 넘겨주며 국가적 위기가 심화되었다. 이에 따라 청조의 무능에 대한 비난 여론이 거세어졌고, 청조 내부에서는 왕조 몰락의 위기감을 심각하게 느끼게 되었다. 청조 보수파는 1898년 무술변법(戊戌變法)을 진압하였지만 이제 스스로 전면적인 체제 개혁을 단행해야만 하였다. 1901년 1월29일 서태후(西太后)는 광서제(光緖帝)의 명의를 빌어 신정상유(新政上諭)[1)]를 발표하며 새로운 통치를 선언하였는데 1911년까지 이어진 신정을 이른바 청말신정(淸末新政), 광서신정(光緖新政)이라고 부르며, 서태후가 주도하였기에 자희신정(慈禧新政)이라고도 한다.

과거제 폐지

교육 방면에서는, 1905년 약 1,500여간 유지되어 오던 과거제가 폐지되었다. 서양식 학교제도가 시행되어 유치원에 해당하는 몽양원(蒙養院) 및 8년제 소학당(小學堂)과 5년제 중학당(中學堂), 3년제 고등학당(高等學堂) 등이 설립되었다. 새로운 학교에서는 역사, 문학, 산술, 지리, 체조, 회화(繪畵), 외국어, 물리, 화학 등의 교과목을 개설하였으나, 신식 교육 담당 교사

1) 유(諭)란 상급자의 하급자에 대한 분부를 뜻하며, 상유(上諭)는 국왕의 명령을 적은 문서인 조서(詔書)의 의미를 갖는다.

인원이 부족하여 여전히 구식 교사가 유교 경전 위주의 강의를 하는 경우가 많았다. 여성 교육은 1907년에 이르러서야 허용되었다.

해외유학 장려와 신군 창설

청나라 정부는 이 시기 해외 유학을 장려하기 시작하였다. 이에 따라 중국보다 서양을 먼저 배워 부국강병의 길을 걷고 있었던 일본으로 유학을 떠나는 인원이 급증하였다. 유학비용이 서구 국가에 비하여 저렴하고 거리가 가까운 점이 일본 유학 선택의 중요한 원인이 된 것이다. 그러나, 일본 유학 과정에서 새로운 문물을 체험한 중국의 지식인들은 청 왕조에 대해 비판적 태도를 지니게 되었고, 이들은 이후 반청(反清) 혁명의 중심 세력을 형성하였다.

군사 방면에서도 개혁이 이루어졌다. 구식 군대를 신식 군대로 개편하기 위해 1903년 연병처(練兵處) 설립하여 서양식 무기를 확충하고, 현대화된 군사 훈련 시스템을 도입하였다. 또한 각지에 무비학당(武備學堂 사관학교) 설립하여, 무비학당의 졸업생과 해외 유학생 출신 인물들을 사관(장교)으로 임명하였다. 구식 군대와는 달리 사병 징집에 있어 식자(識字) 능력을 평가하였고, 체격 및 도덕적 소양도 중시하였다. 신군 창설로 청나라의 군사력이 증강되었으나, 개혁적 성향의 장교들이 양성되었기에 이들 중 일부는 오히려 청조 타도를 주장하게 되었다. 한편, 국가재정으로 신군을 육성하였으나, 원세개(袁世凱) 등은 군사비 및 인사권을 독점하며 군대를 사유화하여 군벌(軍閥 : 막강한 군사력으로 정치에 영향을 미치는 세력)로 성장하였다.

입헌군주제 추진

정치체제로는 입헌군주제(立憲君主制 : 군주의 권력이 헌법에 의하여 일정한 제약을 받는 정치체제)가 추진되었다. 1905년 러일전쟁에서 일본이 승리하자, 일본의 입헌군주제를 본받아야 한다는 주장이 득세하였기 때문이다. 이에 따라 1908년 8월 27일 중국 역사상 최초의 헌법인『흠정

헌법대강 欽定憲法大綱』[2] 선포되었는데 여기에서는 황제의 권리 및 신민(臣民)의 권리와 의무 총 23조를 규정하였다. 1910년에는 과도기 형태의 의회인 자정원(資政院)이 생겨났다. 자정원은 지방의회인 자의국(諮議局 1909년 설립) 의원들이 선출한 민선의원 100명과 청 조정에서 선출한 흠선의원 100명으로 구성되었다.

『흠정헌법대강 欽定憲法大綱』에서 규정한 황제의 권리는 다음과 같다. 첫째, 대(大) 청(淸) 황제는 대청제국을 통치하며 영원히 군림하고, 신성 존엄하며 침범할 수 없다. 둘째, 의회에서 의결된 법률이라도 황제의 명령으로 비준되고 반포된 것이 아니면 시행할 수 없다. 셋째, 황제는 의회를 소집하고 해산할 수 있는 권리를 지닌다. 넷째, 황제는 관리를 임명하는 권리를 가지며, 의회는 이에 간섭할 수 없다. 다섯째, 황제는 육해군을 통솔하고 군제(軍制)를 감독할 권리를 가지며, 의회는 이에 간섭할 수 없다. 여섯째, 황제는 계엄을 선포할 수 있으며, 이에 따라 신민(臣民)의 자유를 제한할 수 있다. 일곱째, 황실 경비는 황제가 고정액을 정하여 국고에서 지급하며, 의회는 이에 간섭할 수 없다.

신민(臣民)의 권리와 의무는 다음과 같다. 첫째, 신민 중 자격을 갖춘 사람은 문무(文武)관리나 의원이 될 수 있다. 둘째, 신민은 자유로운 언론, 저작, 출판, 집회를 통하여 정치활동을 할 수 있다. 셋째, 신민의 재산은 무고하게 침해당할 수 없다. 넷째, 신민은 법률에 의거하여 납세와 병역의 의무를 진다.

비록 정치체제가 입헌군주제로 바뀌었지만 허울뿐인 의회가 생겨나고 백성들의 권리가 미미하게 향상되었을 뿐, 황제의 무소불위의 권한과 막강한 권위에는 변화가 없음을 알 수 있다. 청나라 내에서는 청조에 대한 불만이 갈수록 팽배해졌고, 청조 타도를 외치는 혁명 운동이 전국 각지에서 전개되었다.

---

2) 흠정(欽定) : 황제가 친히 정한다는 의미이나, 실제로는 서태후가 광서제의 명의를 빌어 선포하였다.

손문, 혁명단체 흥중회 결성

광동성(廣東省) 향산(香山)에 위치한 가난한 농촌 집안에서 태어난 손문(孫文 1866~1925, 호號 중산中山, 일선逸仙)은 13세 때 형 손미(孫眉)가 정착해 있던 하와이로 건너가 공부하게 되었는데 이때 기독교를 접하고 서양의 정치체제에 대하여 이해하게 되었다. 손문은 1883년 귀국한 후 홍콩서의서원(香港西醫書院)에서 의학을 공부하였고, 1892년 졸업 후에는 마카오와 광주(廣州) 등지에서 의사 생활을 하였다. 그러나 그는 의술을 펼치는 것 보다는 중국의 정치현실 개혁에 더 큰 관심을 가지고 있었다.

손문은 1894년 6월, 당시 권세가였던 이홍장(李鴻章)에게 글을 올려 서구적 모델에 따른 정치 개혁안을 제시하였으나, 이홍장은 손문의 의견에 아무런 관심을 보이지 않았다. 손문은 1894년 11월 다시 하와이로 건너가 호놀룰루에서 형 손미의 도움으로 20여명의 우국지사를 모집하여 혁명단체 흥중회(興中會)를 결성하였다. 그는 1895년 2월에는 홍콩에 흥중회 지부를 설치하였고, 미국 각지에서 화교들에게 혁명의 필요성을 선전하였다. 손문의 목적은 청나라를 몰아내고 중국에 새로운 민주공화국(民主共和國)을 수립하는 것이었다.

손문, 런던에서 피랍

1895년 10월 손문은 광주(廣州)에서 봉기를 일으키려 하였으나, 내부 인사의 밀고로 사전 발각되어 실패하였고 청 정부는 손문을 반란 분자로 규정하여 체포령을 내렸다. 이에 영국 런던으로 피신한 손문은 런던주재 청나라 공사관에 의해 납치되어 청나라 공사관에 내에 감금되었다. 청의 공사관 직원들은 손문을 청나라로 압송할 계획이었다. 손문은 상황이 급박해지자 공사관에서 일하던 영국인 청소부를 통하여 홍콩서의서원 시절 스승이었던 제임스 캔틀리(James Cantlie 1851~1926) 목사에게 납치 상황을 적은 편지를 전달하였다.

손문은 캔틀리가 중국 나환자 촌 방문 시 통역을 담당하는 등 그와 두터운 친분을 쌓아 왔기에 캔틀리는 영국 정계 및 언론계에 손문의 납치 상황을 적극적으로 알렸다. 마침내 영국신문 더 글로브(The Globe)가 이 사건을 보도하자 영국내에는 손문 석방을 요구하는 여론이 형성되었고, 영국 외교부가 청 공사관과 협상에 나서 손문은 납치된 지 12일 만에 석방되었다. 납치 사건은 손문에게 전화위복의 계기를 마련해주었다. 그는 이 사건을『런던수난기 倫敦蒙難記 Kidnapped in London』라는 제목 하에 책으로 편찬하였고, 그 후 자금과 조직이 취약하였던 손문은 저명한 혁명가로서 명성을 얻게 되었다.

삼민주의 사상

손문은 영국에서 9개월간 머물며 정치에 대해 연구하였고, 유럽 각국의 진보인사들과 접촉하며 삼민주의(三民主義) 사상의 기초를 형성하였다. 손문은 삼민주의가 "국민의, 국민에 의한, 국민을 위한(of the people, by the people, for the people) 정부"를 지향하는 링컨의 사상과 일맥상통하는 것이라고 자부하였다. 손문의 삼민주의는 민족주의(民族主義), 민권주의(民權主義), 민생주의(民生主義)로 구성되는데, 그 중 민생주의란 자본의 절제와 토지의 균등분배 및 경자유전(耕者有田)의 필요성 강조한 것이다. 민족주의는 만주족의 전제 정치와 열강 침략의 굴레에서의 탈피를 호소하는 것이다. 그는 민권주의를 내세워 일반 평민들을 위한 민주 정치를 실시할 것을 주장하였다.

1897년 손문은 유럽에서 일본으로 이동하였다. 유럽에 비해 화교 단체가 훨씬 많았던 일본에서 일본 정계 인사들로부터 도움을 받아가며 혁명 사업을 지속하고자 하였던 것이다. 손문은 이 시기 무술변법 실패 후 일본에 망명한 강유위(康有爲) 및 양계초(梁啓超)와 만나 정치와 혁명에 대한 구상에 대해 의견을 교환하였다. 이 때 손문은 혁명을 통한 청조 타도와 공화제 실현을 주장하여 그들과 의견의 불일치를 드러내었다. 강유위, 양계초로 대표되는 입헌파(立憲派)는 결코 청조 타도가 목표가 아니었으며 청 왕조를 유지하면서 입헌군주제를 실시할 것을 구상하고 있었기 때문이다.

민권주의에 대한 입장에 있어서도, 입헌파는 중국 인민은 무지하여 공화제(共和制 군주제에 상대되는 정치 체제로서 여러 주권자가 권력을 분점하는 체제)를 실행할 능력이 없다고 판단하였으나, 손문의 혁명파는 혁명운동 자체가 인민 대중의 민주적 의식을 일깨우는 과정이라고 주장하였다. 민생주의에 대해서 입헌파는 토지 국유화 및 토지 개혁에 반대하였다. 그들은 토지 소유권은 신성불가침이라고 여겼다. 반면 손문의 혁명파는 토지가 소수에 의해 독점되어 지주 농민들을 착취하는 것은 매우 불합리하다고 주장하였다. 해외 화교들은 한때 입헌군주제를 적극 지지하여 강유위 등에게 적지 않은 기부금을 모아 제공하기도 하였으나 강유위는 이 돈을 개인적으로 탕진하며 신뢰를 상실해갔다.

혜주 삼주전 봉기의 실패

손문은, 입헌파의 주장으로는 개혁이 불가능하다고 확신한 후 1900년 의화단의 난으로 청조의 남부 지방에 대한 경계가 소홀해진 것을 틈타 봉기를 일으켰다. 흥중회를 설립에 공헌하였던 기독교도 정사량(鄭士良 1863~1901)을 광동성 혜주(惠州)로 파견하여 삼주전(三洲田)에서 일으킨 봉기가 그것이다. 혜주봉기(惠州起義)는 정사량의 지휘로 기세등등하게 발전하여 봉기군이 한때 2만여 명으로 증가하였으나, 일본 수상 이토오 히로부미(伊藤博文)가 무기 지원 약속을 파기하였기에 외부 지원이 끊긴 봉기군은 탄약과 무기가 고갈되어 할 수 없이 해산할 수밖에 없었다. 그 후 정사량은 홍콩으로 도피하였으나, 1901년 연회 도중 청조의 스파이가 독을 넣은 음식을 먹고 사망하였다.

혜주기의 때 사견여(史堅如 1879~1900)도 희생적인 투쟁을 전개하였다. 광주(廣州)의 부유한 관료 집안 출신으로 대외적으로 문호가 개방된 광주에서 서양문물을 접하며 개방적인 사상을 갖게 되었던 그는, 청조의 부패와 낙후성을 혐오하여 흥중회 회원이 되었다. 사견여는 그의 형과 함께 재산을 처분하여 독일산 다이너마이트를 밀수한 후 1900년 10월 광주에 위치한 양광(兩廣)총독 덕수(德壽)의 관저에 설치하여 암살을 기도하였다. 그러나 사견여의 계획은 실패로 돌아갔고, 그는 처형당하였다. 사견여는 21세에 불과하였지만 강철과도 같은 의지와 정신력을 지니고 있었기에, 조사 과정에서 자행된 혹독한 고문에도 굴하지 않고 암살 공모자들의 이름을 끝내 발설하지 않았다.

중국동맹회의 탄생

혜주봉기와 같은 지역적인 봉기가 실패를 거듭하자 혁명세력들은 보다 조직적이고 통일적인 혁명운동이 필요하다는 것을 깨닫게 되었기에, 기존의 여러 혁명단체를 하나로 규합하였다. 당시 손문의 흥중회 이외에도 호남성(湖南省) 출신 황흥(黃興), 송교인(宋敎仁) 등이 중심이 되어 조직한 화흥회(華興會)가 있었고, 채원배(蔡元培), 장병린(章炳麟), 추근(秋瑾) 등이 주축이 된 광복회(光復會)가 대표적인 혁명 단체로 자리 잡고 있었다. 이들은 1905년 8월20일, 일본 도쿄에서 단일 혁명 조직인 중국동맹회(中國同盟會)를 결성하였고, 손문이 중국동맹회의 총리로 추대되었다.

중국동맹회의 강령은 "구제달로(驅除韃虜), 회복중화(恢復中華), 창립민국(創立民國), 평균지권(平均地權)"의 16글자로 집약할 수 있다. 즉 만주족을 몰아내고, 중화를 회복하며, 민국을 창립하고, 토지를 균등 분배하자는 것이다. 중국동맹회는 기관지(機關紙)로 『20세기 중국(二十世紀之支那)』를 발행하였고, 이를 『민보(民報)』로 개명하였다. 일본에 본부를 두고 있었던 중국동맹회는 일본 유학생들이 중심이 되어 운영되었고, 중국 대륙에 지부가 건립되어 중국내 진보적인 장교와 문인들이 가담하였다. 해외 화교 사회에도 지부가 건립되었다.

중국동맹회는 출범 직후부터 10여 차례의 무장봉기를 일으켰으나 성과가 없었다. 그 중 1911년 4월 27일 발생한 화화강기의(黃花崗起義)는 황흥(黃興)의 지휘 하에 광주에서 일으킨 무장봉기인데 청조가 밀정을 통해 이들의 활동을 사전 파악함으로써 실패로 돌아갔다. 이 봉기로 숨진 72명 열사의 시신은 광주 황화강에 안장되어 있다.

사천보로운동의 전개

혁명의 불길은 이른바 "이권회수운동"을 계기로 다시 타올랐다. 당시 중국에서는 외국의 자본으로 건설된 철도와 공장이 중국에 대한 경제적 수탈에 앞장서고 있다는 인식이 보편화되어 있었는데, 이에 일부 뜻있는 지주, 상공업자 및 부유한 화교들은 민족자본으로 철도와 공장을 건설하자는 운동을 펼쳐 나아갔다. 1904년에는 사천(四川)과 무한(武漢)사이를 잇는 천한철로(川漢鐵路) 건설을 추진하였고 1905년에는 미국 자본 소유의 월한철로(粤漢鐵路, 광동廣東과 무한武漢 간 철로) 부설권을 매입하였다. 그러나, 영국, 미국, 독일, 프랑스 4개국은 청 정부에 철도를 국유화할 것을 요구하였고, 청 정부는 1911년 민영 철도를 국유화한 후 이들 4개국으로부터 차관을 들여와 철도 건설을 추진하려 하였다. 청 정부는 이미 민영철도 건설에 투자한 민간인들에게는 채권을 발행하여 철도가 이익을 낸 후 상환하겠다고 발표하였다.

이처럼 민간인들의 이익이 박탈되고, 기존 철도 운영권과 철도 부설권이 외국으로 넘어갈 위기에 처하자 사천성 성도(成都)의 각 민간단체가 사천보로동지회(四川保路同志會) 결성하여 격렬히 시위하였고, 납세 거부, 동맹 휴학 등을 통해 저항 의지를 표출하였다. 사천성 총독 조이풍(趙爾豊)은 당초 보로운동을 지지하였으나 청 정부의 철도 국유화에 대해 강경한 입장을 확인한 후 태도가 돌변하여 보로운동에 대한 적극적인 진압에 나섰다. 보로동지회 회장은 구속되고, 철도학당은 폐교되었으며, 이 사건을 보도한 신문들은 강제로 정간 당하였다. 분노가 극에 달한 군중들이 총독부를 포위하고 시위를 벌이자 조이풍은 계엄령을 내리고 군대를 동원하여 시위대에 발포, 20여 명이 사망하였다. 이를 "성도혈안(成都血案)"이라 한다.

신해혁명의 성공과 중화민국의 탄생

상황이 악화되자, 청조는 호북성(湖北省) 무창(武昌, 무한武漢에 소속된 지역)에 주둔하고 있었던 신군(新軍)의 일부를 사천성 시위 진압에 동원하였다. 이에 따라, 청조의 무창(武昌)에 대한 관리가 소홀해지자 무창에 남아있었던 신군 내부의 동맹회 소속 군인들이[3] 봉기를 결정하였다. 봉기는 우연한 사고를 계기로 급속하게 진행되었다. 1911년 10월9일 봉기 계획을 주도해오던 손무(孫武 1879~1939)가 폭탄 제조를 위해 화약을 섞고 있을 때, 혁명군 한 명의 담뱃불이 화약에 떨어져 폭발하여 손무는 중상을 입었다.

청나라 당국은 사고 조사 과정에서 혁명파의 명단과 관련 서류를 압수 조사하였고, 이 과정에서 봉기 주동자들이 체포되어 총살당하였다. 이에 혁명파는 이판사판의 심정으로 10월 10일 서둘러 봉기를 일으키기로 결정하였다. 1911년 10월 10일 저녁 7시 무창 신군의 혁명파 군인들이 탄약고 점령하였고, 이튿날 호광(湖廣)총독[4]의 관청을 장악하였다. 이것이 바로 신해혁명(辛亥革命)의 도화선이 된 무창봉기(武昌起義)인데, 대만에서는 이 날을 "쌍십절(雙十節)"이라 부르며 중화민국의 건국일로 기념하고 있다.

혁명의 불길은 곧 중국 전 지역으로 빠르게 확산되었다. 각지의 동맹회원들이 봉기하여 한 달여 만에 총 24개의 성(省) 가운데 17개의 성이 청조로부터의 독립을 선언하였다. 화북(華北)지구와 동북(東北)지구를 제외한 서남부의 드넓은 지역을 혁명파가 빠르게 장악해 나아갔던 것인데 이는 청조에 대한 민중들의 반감이 매우 뿌리 깊다는 것, 그리고 동맹회 등 혁명세력들의 신군 내부에 대한 장악 공작이 매우 효과적이었음을 증명하는 것이었다.

위기를 감지한 청조는 원세개(袁世凱)에게 혁명군 진압의 전권을 일임하였다. 원세개의 북양신군(北洋新軍)은 1911년 11월 일부 지역을 탈환하였으나 그다지 적극적으로 진압에 나서

3) 이들은 문학사(文學社), 공진회(共進會) 등 문학 연구 단체 및 친목회를 가장하여 신군 내에 서 혁명의 기회를 엿보고 있었다.

4) 호북성(湖北省)과 호남성(湖南省)을 관할하는 총독. 명(明)나라 이전에는 호북성과 호남성 지역을 호광성(湖廣省)이라 하였다.

지 않았다. 그는 단지 자신의 실력을 보여주며 청 정부와 혁명 세력 사이에서 자신에게 유리한 조건을 만들어가려 했던 것이다. 그 사이 혁명군은 12월 2일 남경(南京)을 함락하여 남경을 중심으로 새로운 정부를 수립하는 일이 적극 추진되었다.

당시 손문은 혁명 자금 모집을 위해 미국에 체류하고 있었는데 혁명 발발 소식을 접한 후 12월 25일 상해를 통하여 귀국하였다. 각 성(省)의 대표는 남경에 모여 12월 29일 대표대회를 개최하였다. 호북(湖北), 호남(湖南), 사천(四川), 강소(江蘇), 절강(浙江), 안휘(安徽), 섬서(陝西), 산서(山西), 강서(江西), 복건(福建), 광동(廣東), 광서(廣西), 운남(雲南), 봉천(奉天, 요녕遼寧), 직례(直隷, 하북河北), 하남(河南), 산동(山東) 등 17개 성의 대표들이 1성 1표의 투표권을 행사한 결과, 손문이 16:1 (1표는 황흥黃興에게 돌아갔음)의 압도적 우세로 임시 대총통에 당선되었다. 1912년 1월 1일 손문은 남경에서 임시 대총통에 취임하였고, 중화민국(中華民國)의 탄생을 선포하였으며 1912년을 민국(民國) 원년(元年)으로 정하였다.[5]

송씨 세자매

손문의 마지막 부인 송경령(宋慶齡)은 중국 현대사의 유명한 송씨 가문 세 자매 중 한 명이다. 아버지 송가수(宋嘉樹 1863~1918)는 해남도(海南島) 문창현(文昌縣) 출신이며, 미국 밴더빌트대학(Vanderbilt 테네시Tennessee주 내슈빌Nashville에 위치)에서 기독교 신학을 공부하고 감리교 선교사가 되었다. 찰리쑹(Charles Jones Soong)이라는 영문명을 가지고 있었던 그는 귀국 후 출판사를 경영하는 가운데, 중국어 성경을 인쇄하여 판매하였고 기계 수입 등의 사업으로 부를 축적하였다. 그는 손문의 혁명 정신에 동조하여 그에게 과감한 지원을 아끼지 않았다. 상해(上海)에 서양식 대저택을 건축하여 가족들과 함께 거주하였던 송가수에게는 3남 3녀의 자녀가 있었다. 송 씨 가족들 간의 제1언어는 중국어가 아닌 영어였고, 송가수는 서구식 민주

5) 선통제(宣統帝)는 그 해 퇴위함에 따라 '선통'이란 연호는 폐기되었다. 대만에서는 지금껏 민국(民國)을 연호로 사용하고 있다. 2024년은 민국 113년인 셈이다.

주의에 입각한 가정교육으로 자녀들을 키웠다. 그의 가정교육의 원칙은 다음과 같다. 첫째, 자녀들과 친구가 되어야 한다. 둘째, 어떤 일이든 남보다 먼저 과감하게 뛰어들어야 한다. 셋째, 노력하면 남녀 구분 없이 성취를 이룰 수 있다.[6] 그 결과 송가수의 6남매는 모두 민주적이고 평등하며, 부유하고 선진적인 환경에서 성장할 수 있었다.

송가수의 남녀평등 사상이 딸들의 사기를 북돋우었던 덕분인지, 이들 6남매 중 세 아들[7]보다 세 딸의 명성이 국내외적으로 더욱 자자하다. 그녀들의 생애는 중국현대사에서 빼놓을 수 없는 이야기이다. 큰 언니 송애령(宋藹齡 1889~1973)은 13세 때 미국 유학을 떠나서 웨슬리안여자대학(Wesleyan College, 조지아주Georgia 메이컨Macon에 위치)을 졸업하고 귀국한 후 손문(孫文)의 영어 비서로 활동하였다. 그녀는 1914년 부유한 은행가 공상희(孔祥熙 1881~1967)[8]와 결혼하여 "돈을 사랑한 여인"이라는 별명을 얻었다. 둘째 송경령(宋慶齡 1893~1981)역시 미국 웨슬리안여대를 졸업하였고, 1915년에는 자신의 아버지 송가수의 친구이자 중화민국 건국의 아버지 손문과 결혼하였다. 그녀는 공산당에 대해 관대하였던 손문의 영향을 받아 중국공산당의 노선에 동조하였기에, 중화인민공화국이 설립된 후에도 대만으로 가지 않고 대륙에 남아 국가 부주석을 역임하였다. 때문에 그녀는 "중국을 사랑한 여인"이라는 별명을 얻었다.

송가수의 막내 딸 송미령(宋美齡 1897~2003)은 웨슬리안여대와 매사추세츠주의 웰즐리(Wellsely)여대에서 유학하였다. 그녀는 영어, 프랑스어, 러시아어, 일어, 스페인어, 이태리어 등 6개 외국어에 능통하였고, 동양화에 천부적인 재능을 지녔다. 1927년 손문의 후계자 장개석(蔣介石)과 결혼하여 "권력을 사랑한 여인"이라고 불렸다.[9] 장개석은 손문과는 달리 철

6) 중국에는 전통적으로 "여자는 재능이 없는 것이 덕(女子無才便是德)"이라는 관념이 자리잡고 있었으나, 송가수는 이러한 구식 사고방식을 완전히 벗어던진 인물이었다.

7) 송자문(宋子文 1894~1971)은 미국 하버드대학 석사, 컬럼비아대학 박사(경제학) 출신으로 중화민국 정부 재정부장을 역임하였다. 송자량(宋子良 1899~1987)은 미국 밴더빌트대학 신학 석사 출신이며, 중화민국 외교부 비서관과 중국 국화(國貨)은행 사장 등을 역임하였다. 송자안(宋子安 1906~1969)은 미국 하버드대학 석사(경제학) 출신이며 중국 국화은행 이사장을 역임하였으나 정치와는 거리를 두었다.

8) 중화민국의 상무장관(1928~1931), 재무장관(1933~1944) 및 중앙은행 총재(1933~1945)를 역임하였다.

9) 장개석은 자신의 부인 송미령을 위해 남경(南京) 부근 숲에 목걸이 모양으로 나무 숲을 장식한 후 별장을

저한 반공주의자였기에 손문의 부인 송경령은 동생 송미령이 장개석과 결혼하는 것을 반대하였고, 장개석과 갈등을 빚었다. 장개석은 정치적인 견해 차이로 사사건건 자신과 대립하였던 송경령에 대해 한때 암살을 기도하였다는 설도 있을 정도이다.

손문의 여성 편력

손문(孫文)은 자신의 취미를 "혁명, 독서, 그리고 여자"라고 직접 밝혔으며 그의 여성 편력은 아직도 인구에 회자되고 있다. 그는 2명의 처와 3명의 첩을 두었다.

첫째 부인 노모정(盧慕貞 1867~1952)은 광동 향산(香山) 출신으로 1884년 손문과 결혼하여 손과(孫科), 손연(孫娫), 손완(孫婉) 등 1남 2녀의 자녀를 두었다. 그녀는 전통적인 현모양처 스타일이었기에 손문이 혁명 사업에 몰두하며 가정에 소홀하였음에도 시부모 봉양에 지극 정성을 쏟았고 손문의 신발을 직접 만들 정도로 남편을 위해서도 헌신하였다.

진수분(陳粹芬 1873~1960)은 1892년 손문과 만나, 손문이 마카오와 광주(廣州)에서 의사 생활을 할 때 늘 그의 곁을 지켰다. 진수분은, 손문이 일본 요코하마에 망명하여 혁명을 계획하던 시절, 손문의 동지들이 홍콩-요코하마를 왕래하며 무기를 운반하고 정보를 수집하는 일을 적극 도왔다. 그녀는 교육 수준은 높지 않았으나 손문에게 매우 헌신적이었고, 여장부 스타일이었다. "그녀가 눈을 크게 뜨고 긴 젓가락으로 활달하게 밥을 먹는 모습은 마치 사내대장부 같았다."는 재미있는 기록이 있다. 손문과의 사이에 자녀가 없었던 진수분은 1910년 경 폐병을 얻어 홍콩에 돌아가 요양을 하게 되면서 손문과 멀어지게 되었다. 그 후 진수분은 손문의 본부인 노모정과 서로 의지하며 지내기도 하였다.

아사다 하루(淺田 春, 1882~1902)는 일본 시즈오카현에서 태어났다. 1887년부터 3년간 상해(上海)에서 생활하였기에 중국어 구사 능력을 갖추고 있었던 그녀는 1897년 요코하마에 망명 중이었던 손문의 시중을 들다가, 15세 때 손문의 첩이 되었다(당시 손문 32세). 그녀는 1902

지었다. 이 별장은 미령궁(美齡宮, Soong May-ling Palace)이라고 불린다.

년 콜레라에 감염되어 요절하였다.

오쓰키 가오루(大月 薰, 1888~1970) 일본 요코하마에서 태어나 어린 시절을 보냈다. 11세 때인 1898년 손문이 머무르던 요코하마의 집 2층에 거주하였고, 이 때 손문은 가오루의 미모에 관심을 두기 시작하였다. 1902년 손문은 가오루의 부친에게 가오루와의 결혼을 허락해 달라고 요구하였다가 거절당하였으나, 1903년 당시 요코하마여학교 3학년생이었던 15살의 가오루에게 직접 구애하여 끝내 그녀를 첩으로 삼았다. 오쓰키 가오루는 1906년 손문의 딸 미야가와 후미코(宮川富美子)를 출산하였는데, 손문은 딸 출생 전 이미 일본을 떠났다. 손문은 1913년 다시 일본으로 망명을 떠났으나 가오루 모녀를 찾지 않았다. 홀로 딸을 키우며 생활고를 겪던 가오루는 딸 후미코를 양녀로 보내고 자신은 재혼하였으나, 과거 손문과 주고받았던 편지가 남편에게 발각된 후 이혼하였다. 가오루의 딸 후미코(1906~1990)는 1956년 어머니 가오루와 재회한 후 그녀로부터 자신이 손문의 딸이라는 사실을 비로소 듣게 되었다. 후미코는 몹시 충격을 받았으나, 손문 가족의 입장을 고려하여 공개하지 않고 살아갔다.

손문의 마지막 여인 송경령

송경령은 1908년 미국 유학을 떠났다가 1913년 귀국한 후 언니 송애령에 이어 손문의 영어 비서로 활동하였다. 송경령은 1915년 가족들의 반대에도 불구하고, 아버지 친구 손문과 일본에서 결혼하였다. 유부남이었던 손문이 조강지처 노모정과 정식으로 이혼한 후였다.

손문은 신해혁명으로 중화민국이 탄생하는데 공헌하였기에 대만에서 국부(國父)로 추앙받고 있다. 또한 그는 공산당에 대해서도 호의적인 입장을 보이며 국민당과 공산당의 통합을 강조하였기에 중국 대륙에서도 긍정적인 평가를 받고 있다. 송경령은 1949년 중화인민공화국 수립 후 대만으로 가지 않고 대륙에 남았다. 중국공산당은 대만의 국민당 정부와 민중들로부터 국부로 추앙받는 손문의 부인이 충분한 이용 가치를 지니고 있다고 여겼기에, 그녀는 중화인민공화국 국가부주석 자리에까지 오르며 명목상으로는 중공(中共) 권력

층의 핵심에 포함될 수 있었다. 그러나 그녀는 실권이 없었으며, "조롱에 갇힌 새"에 불과하였다.

문화대혁명(文化大革命)초기였던 1966년 8월 홍위병(紅衛兵)들은 송경령을 "자산계급"이라 비난하였고, "인민의 적" 장개석의 장인, 장모의 묘를 반드시 파헤쳐야 한다고 주장하며 송경령 부모의 묘비를 훼손하고 무덤을 파헤쳐 시신이 드러나도록 하는 만행을 저질렀다. 이에 대경실색(大驚失色)한 송경령(宋慶齡)은 당시 총리였던 주은래(周恩來)에게 이 사건을 알려서 부모의 묘를 다시 복원할 수 있었으나, 새로 세워진 묘비에는 송경령의 이름만 있을 뿐, 다른 5남매의 이름은 찾아볼 수 없게 되었다.

원세개의 군벌통치와 북벌

원세개의 군벌통치와 북벌

손문, 원세개에게 임시대총통 양위

청조가 아직 완전히 무너지지 않은 상황에서 남경(南京)에서 임시정부가 탄생하였으니, 한 나라에 두 개의 정부가 공존하고 있었던 셈이었다. 또한, 신해혁명으로 중화민국이 탄생하였으나, 청나라 신군의 최고 실력자로서 군권을 장악하고 있었던 자는 군벌 원세개였다. 원세개는 단기서(段祺瑞), 풍국장(馮國璋) 등의 부하들을 양성하며 군에 대한 지배력을 강화하였다. 비록 중국의 백성들은 혁명세력을 지지하였으나, 혁명세력은 재정과 군사력 면에서 취약하였고, 제국주의 열강들은 민족주의적인 혁명파보다는 민족의식이 희박하고 정치적 야심이 가득한 원세개를 보다 선호하였다.

결국 손문(孫文)은 1912년 2월 임시 대총통에서 사퇴한 후 그 자리를 원세개에 내어주고 말았다. 손문이 내세운 사퇴 조건은 선통 황제를 퇴위시켜 청조의 막을 완전히 내리고 공화정을 실시하는 것, 그리고 남경을 수도로 정하는 것이었다. 그러나 원세개는 남경 천도 약속을 지키지 않았고, 선통제 부의(溥儀 푸이)를 퇴위시킨 후 스스로 황제가 되고자 하였다.

2차 혁명의 실패

1912년 8월에는 손문, 황흥(黃興), 송교인(宋敎仁, 1882~1913) 등이 동맹회(同盟會)와 군소 정당을 연합하여 국민당(國民黨)을 결성하였고, 송교인이 당 안팎에서 주도적인 역할을 하였다. 국민당은 1913년 2월 중화민국 건립 이후 치러진 첫 총선에서 압승을 거두었다. 원세개에게는 젊고 활력 넘치는 송교인의 존재가 눈엣가시였다. 1913년 3월20일 북경(北京)으로 가는 열차를 타기 위해 상해(上海)으로 간 송교인은 무사영(武士英)이라는 자객이 쏜 총탄을 맞고 쓰러졌다. 그는 급히 병원으로 옮겨졌지만 이틀 후 숨졌다. 송교인 암살의 배후가 아직 정확히 밝혀지지는 않았지만, 송교인이 총리가 되어 자신의 권력을 견제하려 들 것에 대해 불안감을 느꼈던 원세개가 암살을 지시하였다는 설이 유력하다.

원세개의 전횡은 거침이 없었다. 그는 통치 자금을 마련하기 위해 국회의 동의를 거치지 않고 영국, 프랑스, 러시아, 독일, 일본 등의 국가로부터 차관을 들여왔고, 각 성(省)의 지방 관료들을 자신의 측근들로 교체하면서 독재를 강화해 나아갔다. 국민당원들은 1913년 7월 "원세개 타도"를 외치며 곳곳에서 무장 봉기를 일으켰는데, 이를 신해혁명에 이은 "2차 혁명"이라고 한다. 그러나 혁명 세력은 원세개의 북양신군(北洋新軍)에 상대가 되지 못하였다. 원세개는 이들을 간단히 무력으로 진압하였다.

그 후 원세개는 정식 대총통이 되었다. 그는 1913년 10월 정치 깡패들을 동원, 국회의원들을 위협하여 대총통 선거를 치러 당선되었고, 임시 대총통에서 정식 대총통으로 승격하였다. 원세개가 막강한 권력으로 국민당을 해산함에 따라 국회 기능은 사실상 정지되었다. 그러자 손문은 1913년 11월 또다시 일본으로 망명하였고, 1914년 도쿄에서 중화혁명당(中華革命黨)을 결성하였다. 중화혁명당은 원세개가 해산시킨 국민당을 계승한 것이라기보다는, 혁명 단체인 동맹회에 더욱 가까운 성격을 지녔다.

원세개, 일본의 21개 조 요구 수용

원세개의 독재적 공포 통치가 갈수록 심해지던 1914년 8월, 제1차 세계대전이 발발하였다. 그동안 중국에 적극적으로 진출하였던 영국, 프랑스, 독일, 러시아 등은 전쟁에 집중해야 하는 상황이었기에 해외식민지 및 중국에 대한 관리가 소홀해졌고, 일본은 이 틈을 타 중국에 본격적으로 진출하려는 야심을 드러내었다. 일본은 영일(英日)동맹[10]에 따라 1914년

10) 1905년에 체결된 영일동맹의 주된 내용은, 영국은 일본의 한반도에서의 정치적, 경제적, 군사적 이익을 보

8월 독일에 선전포고를 하고 독일이 지배하고 있던 산동성(山東省) 청도(青島)를 점령하였다. 일본은 독일의 세력권이었던 산동반도를 차지한 후 이를 바탕으로 중국 전역에 영향권을 행사하겠다는 의도를 지니고 있었다.

또한 일본은 1915년 1월, 원세개에게 황제의 자리에 오르도록 도와주는 것을 조건으로 이른바 "21개 조 요구사항"을 제시하였다. 원세개는 이를 반대하는 중국 민중들의 분노와 시위에도 불구하고 1915년 5월 9일 21개조 요구를 받아들였다. 21개조의 대체적인 내용은 다음과 같다. 1) 중국은 일본이 만주 남부에 갖고 있는 이권을 확장・강화하는 것을 허용한다. 2) 독일이 소유하고 있던 산동반도에 대한 권리를 일본에게 이양하는 것을 인정한다. 3) 일본인의 중국내 철도・광산 경영을 인정한다. 4) 중국은 정치・재정・군사 부문에 일본인 고문을 초빙하고 일본인 경찰을 다수 채용한다. 일본의 산동 반도 점령과 21개조 요구는 중국의 지식인과 해외의 화교 및 일본 내 중국인 유학생들을 크게 자극하여 거센 반발을 초래하였다. 이들은 원세개 정부의 매국 외교를 강하게 비판하였고, 5월9일을 국치(國恥)기념일로 정하였다.

원세개의 황제 등극

한편, 이와 같은 시국 하에서도 황태자가 되고 싶었던 원세개의 아들 원극정(袁克定 1878~1958)은 아버지에게 황제 등극을 적극 요청하였다. 원극정은 일본 외무성이 발간한 중문(中文) 신문『순천시보(順天時報)』[11]의 기사를 조작하여 원세개에게 전달하였다. 원세개를 반대하는 내용의 기사를 삭제하고, 원세개의 황제 등극을 지지하는 기사를 날조하여 인쇄한 것이다. 한편, 엄복(嚴復), 유사배(劉師培) 등 일부 어용학자들은 중국에 공화제는 어울리지 않는다며, 이른바 주안회(籌安會)를 결성하여 군주제의 부활을 주장하였다. 이에 고무된

장하고, 일본은 영국의 인도 지배를 옹호한다. 동맹국이 다른 국가와 전쟁을 하는 경우 참전하여 돕는다는 것이다.

11)『순천시보(順天時報)』는 해외 뉴스를 주로 보도하였다.

원세개는 인력거꾼, 기생, 걸인 등 사회 하층민들을 매수하여 이들로 하여금 자신의 황제 등극을 위한 청원 운동을 벌이도록 지시하였다.

1915년 12월 드디어 "전국국민대회"가 개최되었다. 이 대회에서는 1993명의 국민대표가 모여 '국체(國體 political system of a country)'를 결정하는 투표를 실시하였는데 대부분 청나라 관료 및 귀족 출신인 "국민대표"들은 원세개에게 많은 수고비를 지급받고 중국이 국체를 공화정에서 입헌군주제로 바꾸는 것에 대해 만장일치로 동의하였다. 이에 따라 원세개는 황제에 등극하게 되었고 1916년 1월부터 홍헌(洪憲)이라는 연호를 사용하게 되었다.[12] 그러나, 영국, 프랑스, 러시아 등 서양 열강들은 이에 반대하였다. 군주제로의 회귀는 손문이 주도하는 혁명파의 반발을 불러일으켜 혼란이 발생하고, 이는 자신들의 이익을 침해할 수 있기 때문이다. 일본 조차 원세개의 황제 등극에 반대하였다.

신해혁명 이후 원세개에 의해 운남(雲南)성 총독에 임명되었던 신군(新軍) 출신 채악(蔡鍔 1882~1916)과, 채악의 뒤를 이어 운남 총독에 취임한 당계요(唐繼堯 1883~1927)도 원세개에 대해 반발하여 1915년 12월 호국군(護國軍)을 조직, "원세개 토벌"에 나섰다. 호국군은, 원세개의 북양(北洋)신군을 물리치며 승리를 거듭하였고, 이에 호응하여 귀주(貴州)성, 광서(廣西)성, 광동(廣東)성 등이 원세개의 통치로부터의 독립을 선언하였다. 원세개의 세력권이었던 강소(江蘇), 강서(江西), 안휘(安徽), 호북(湖北)성의 총독들도 군주제 취소를 요구하게 되었고, 마침내, 원세개의 부하 풍국장과 단기서도 군주제 반대 의사를 표시하였다.

원세개의 사망과 북양군벌의 파벌 갈등

고립무원의 상태에 빠진 원세개는 어쩔 수 없이 1916년 3월22일 군주제를 취소하였고, 이에 따라 연호 홍헌(洪憲)도 사용할 수 없게 되었다. 호국군은 군주제를 취소하고도 대총통에

12) 홍(洪)은 넓다, 크다, 위대하다. 헌(憲)은 입헌, 헌정의 뜻을 가진 글자이므로 위대한 입헌군주제의 시대를 지향한다는 의미로 해석된다.

머물러 있었던 원세개에 대한 공격을 멈추지 않았다. 원세개는 결국 신경쇠약과 요독증(尿毒症)으로 1916년 6월6일 사망하였다. 호국군의 지도자 채악(蔡鍔) 역시 같은 해 11월8일 불과 34세의 나이에 인후암으로 사망하였다. 원세개 사망 후, 부총통이었던 여원홍(黎元洪)이 대총통 자리에 올랐고, 풍국장이 부총통으로, 단기서가 국무총리로 임명되었다. 이 일련의 과정을 "3차 혁명"이라 한다. 그러나 원세개 사망 후 그의 후계자들이 권력을 이어받아 장악하였기에 여전히 북양군벌의 지배 체제에는 변화가 없었다.

북양군벌 내부에서는 본격적으로 파벌 갈등이 시작되었다. 원세개 사망 후 강력한 중앙 권력이 부재한 상황에서 각 지역에서 다양한 인물들이 등장하여 각자의 군사력으로 세력 확장을 꾀하였기 때문이다. 당시 대총통은 여원홍이었지만, 단기서의 안휘파(安徽派, 환계皖系)[13]의 세력이 가장 컸다. 안휘파의 세력 범위는 안휘성 뿐 아니라 산동(山東), 절강(浙江), 복건(福建) 지역에 까지 이르렀다. 단기서는 일본에게 산동 지방의 이권을 넘겨주는 대가로 차관을 제공 받아 자신의 권력을 강화하였다.

장작림(張作霖 1875~1928)의 봉천파(奉天派)는 봉천(奉天)성, 길림(吉林)성, 흑룡강(黑龍江)성 등 동북(東北) 3성(省)을 장악하고 있었는데[14] 이들 역시 일본으로부터 지원을 받고, 동북지역에서 일본의 권익을 보장하였다.

직례파(直隸派, 혹은 직계 直系)의 세력 범위는 직례(直隸)성(현, 하북성河北省), 호북(湖北)성, 강소(江蘇), 강서(江西)성이었다. 이들의 우두머리 풍국장(馮國璋 1959~1919)은 직례성(直隸省) 하간(河間) 출신이며 직례파 군벌의 구성원들은 대부분 직례성 출신이다. 이들은 영국, 미국 등으로부터 지원을 받았다.

각 군벌은 이처럼 제국주의 열강으로부터 무기, 차관 등의 지원을 받았지만, 이들은 열강들의 지원 이외에도, 농민과 상인에 대한 약탈과 각종 세금 부과, 심지어 아편을 재배, 판매

13) 안휘(安徽)의 약칭은 皖(환)이다. 안휘성 안경(安慶)시 잠산(潛山)현 서북부에 위치한 천주산(天柱山 : 해발 1,488m)을 환산(皖山)이라고도 부른다. 단기서가 안휘성 합비(合肥) 출신이기에 안휘파 또는 환계(皖系)라고 한다.

14) 봉천은 심양(瀋陽)의 옛 이름이며 봉천파의 우두머리 장작림은 봉천 출신이다. 봉천파를 봉계(奉系)라고도 한다.

한 수익금으로 군사비를 조달하였다. 군벌의 군대는 빈농, 비적들로 구성되었는데, 군벌들 간의 전쟁과 수탈로 삶이 어려워진 백성들이 이들의 용병이 되었던 것이다.

손문은 북양군벌 타도를 목표로 1917년 서남 지역의 군소 군벌과 손을 잡고 광주(廣州)에서 호법군정부(護法軍政府)를 수립하여 자신이 육해군대원수(陸海軍大元帥)가 되었다. 이른바 "호법"이란 1912년 중화민국 수립 후 공포된 헌법 초안인 『중화민국임시약법(中華民國臨時約法)』을 지키고, 군벌을 몰아내어 진정한 공화국을 설립하자는 의미이다. 그러나 손문이 북양군벌 타도를 주장한 것에 반하여, 서남의 군벌들과 반(反)개혁 성향의 보수 세력은, 지역에서 자신들의 입지를 확고히 하는 것에만 관심을 두었기에 손문을 배척하였고, 손문은 육해군대원수 직을 사임하게 되었다.

파리강화회의에서의 실패와 5.4운동

1919년 1월부터 6월까지 파리 베르사이유에서는 제1차 세계대전 종전 후 관련 문제를 협의하기 위한 파리강화회의(講和會義)가 개최되었다. 중국은 이 회의에 전승국의 자격으로 참석할 수 있었다. 전쟁 말기에 연합군의 요청으로 전시 노동자 약 60여만 명을 투입하였기 때문이다.[15] 파리강화회의에 참석한 중국 대표단의 가장 큰 목적은 패전국 독일이 산동성에서 가지고 있었던 이권을 되돌려 받는 것이고, 이를 위하여 일본과 원세개의 야합에 의해 체결되었던 '21개조'를 무효화 시키는 것이었다.

그러나 중국은 뜻을 이룰 수 없었다. 영국, 프랑스 등이, 제1차 세계대전 당시 일본을 연합군 측에 합류시키기 위해 독일의 산동성에서의 권리를 일본이 승계하는 것을 승인하는 밀약을 맺었기 때문이다. 일본은 단기서와도 차관을 제공하는 것을 대가로 동일한 내용의 밀약을 맺었다. 따라서, 중국대표단이 파리강화회의에서 중국의 자주 독립국으로서의 지위를 강조하였으나, 일본이 밀약 내용을 폭로하자 허를 찔린 중국대표단은 망연자실하여 패

15) 당시 중국인 노동자들은 마치 가축이나 죄수처럼 취급당하였다.

배의 눈물을 흘려야 했다.

이 소식이 중국내에 알려지자, 학생단체를 중심으로 전국적인 배일운동과 매국노 규탄 투쟁이 벌어졌다. 투쟁은 수업거부(파과罷課), 상인들의 철시(파시罷市), 노동자의 파업(파공罷工) 등 이른바 '삼파(三罷 Three Struggles)' 형태로 지속되었다. 1919년 5월4일에는 수많은 학생 및 시민들이 북경 천안문(天安門) 광장에 모여 대규모 시위를 전개하였다. 시위대는 1915년 당시 일본의 21개조 요구를 수용하였던 원세개 정부의 외교부 차장 조여림(曹汝霖)의 집에 몰려가 불을 지르기도 하였다.

시위가 전국적으로 확산되어 나아가자 마침내 북양정부는 조여림과, 주일공사(駐日公使)로서 일본의 요구를 수용하였던 장종상(章宗祥), 육종여(陸宗輿) 등 세 명의 관리를 파면하였다. 이처럼 국내의 정세가 급박하게 돌아가고 여론이 들끓자 파리강화회의에 참석한 중국 대표단은 1919년 6월28일 파리강화조약 조인을 최종적으로 거부하였다. 그러나 중국은 약소국으로서 반(反)외세의 목적을 달성하진 못하였다.[16)]

5.4운동은 그동안 정치적 발언권을 행사할 수 없었던 학생, 노동자, 상인 등 일반 시민들이 과감히 자신들의 목소리를 높여 국내에서나마 정치적인 요구에 동의를 얻어내었다는데 커다란 의미가 있다. 일반 민중들이, 중국이 처한 국제적 상황에 관심을 기울이고 근본적인 변화의 필요성을 인식하는 계기가 된 것이다. 이처럼, 민중들이 무지몽매함에서 깨어나 사회적 변혁의 필요성을 깊이 인식하고 5.4운동을 일으켰다고 한다면, 민중들의 5.4운동 참여를 이끌어내었던 기초적 역량은 1915년경부터 벌어진 신문화운동(新文化運動)으로부터 형성되었다고 할 수 있다.

원세개가 집권한 후 독재를 하다못해 황제 통치의 부활을 기도하는 등 복고(復古)의 경향이 만연해지자, 중국의 현실에 실망한 지식인들은 정신적 혁명을 통해 보다 근본적인 변혁을 꾀하였다. 그들은 정신적 혁명이 물질개혁 및 제도개혁 보다 우선함을 깨달았던 것이다. 지식인들은, 수구적이고 부패한 정치의 근원에는 유교(儒教) 사상이 자리 잡고 있다고 여기

16) 영국과 미국은 일본이 중국에서 세력을 크게 확장할 것에 대해 우려하고 있었는데, 중국 정부는 워싱턴회의(1921년 11월12일~1922년 2월6일)에서 이를 이용하여 산동에서의 권리를 회수하려고 하였다. 결국 중국대표단은 미국 등의 지지를 얻어 청도(青島) 및 산동의 권익을 돌려받게 되었다.

며 유교를 비판하기 시작하였다. 유교적 관습 및 전통적인 가족제도, 개인의 자유에 대한 억압, 여성 인권의 속박에 고통을 받을대로 받아왔던 일반 백성들도 덩달아 개인의 독립과 개성의 해방을 주장하는 목소리를 높여갔다.

신문화운동과 신문학

신문화운동의 발전에는 1915년 9월 진독수(陳獨秀 1879~1942)가 발간한 잡지 『신청년(新青年)』[17]의 역할이 컸다. 『신청년』은 서구의 '민주'와 '과학'의 가치에 입각한 구 사회의 폐단 타파와 혁신을 기치로 내걸었다. 당시 중국에 '민주'와 '과학'이란 용어가 보편화됨에 따라, "덕(德)선생과 새(賽)선생을 모셔야 한다는 말이 유행되기도 하였다. 민주(Democracy)와 과학(Science)를 한자로 각각 德謨克拉西, 賽因斯라고 표기하고 더모커라시(dé mó kè lā xī), 싸이인스(sài yīn sī)라고 발음하였는데, 한자의 맨 앞글자인 德과 賽자를 따와서 덕선생(德先生 더시앤성 dé xiān shēng)과 새선생(賽先生 싸이시앤성 sài xiān sheng)으로 의인화한 것이다. 유교 전통문화를 대신하여야 할 것은 서구의 자유주의, 민주주의, 과학주의, 개인주의라는 신념이 널리 확산되기 시작하였음을 알 수 있다.

신문화운동은 특히, 신문학을 통하여 발전하였다. 컬럼비아대학 박사 출신이자 1917년부터 북경대학 교수로 재직한 호적(胡適 1891~1962)은 『문학개량추의(文學改良芻議)』[18]에서 백화(白話 일상적인 대화에서 쓰는 말)로 문학 창작을 해야 한다고 주장하였다. 쉽게 이해할 수 있는 백화로 사상과 감정을 표현해야만 일반 백성들을 계몽하기에 수월하다고 판단하였기 때문이다.

호적의 백화문학 주장에 호응하여 창작된 최초의 백화 단편소설은 1918년 『신청년』에 등재된 노신(魯迅 1881~1936)의 『광인일기(狂人日記)』이다. 노신은 이 작품에서, 온 주변 사람들과

---

17) 『청년잡지(青年雜誌)』로부터 개명하였음.

18) 추의(芻議)란, "재야(在野)의 언론", "천한 사람이 하는 말"이란 의미로서, 자신의 의견을 겸손히 낮추는 단어이다.

동네 개마저 자신을 잡아먹으려 한다는 피해망상증에 시달리는 광인(狂人)을 주인공으로 등장시켰다. 광인은 이렇게 말한다. "(중국의) 역사책에는 연대도 없고, 페이지마다 인의(仁義)니 도덕(道德)'이니 하는 글자들이 비뚤비뚤 적혀 있었다. 글자들 틈새로 웬 글자들이 드러났다. 책에 빼곡히 적혀 있는 두 글자는 식인(吃人)이 아닌가!", "4,000년 내내 사람을 먹어온 곳. 오늘에서야 알았다. 나도 그 속에서 몇 년을 뒤섞여 살았다는 걸. 4,000년간 사람을 먹은 이력을 가진 나, 처음에는 몰랐지만, 이젠 알겠다. 제대로 된 인간을 만나기 어려움을!" 노신은 광인의 입을 통하여, 유교적 전통사회를 사람이 사람을 잡아먹는 식인의 사회로, 중국의 수천 년 역사를 상층계급이 하층민을 심각하게 탄압하고 착취해온 역사로 규정하고 고발한 것이다.

노신은 원래 문학도가 아니었다. 그는 일본으로 가서 의학을 공부하다가 우연한 계기로 문학의 길에 들어서게 되었다. 그가 당초 의학을 선택한 이유는 아버지의 병을 치료하지 못한 중의(中醫)에 대한 불신 때문이었다. 의사라는 자가 노신의 가족들에게 구해오라고 요구한 약재는 처음 교미하는 귀뚜라미 한 쌍, 낡은 북 가죽, 서리 맞은 사탕수수 등 황당한 것들이었다. 이런 것들을 약재로 사용해서 병이 나을 리가 만무하였다. 또한 노신은 끔찍한 억압의 상징인 중국 여자들의 전족을 치료하기를 소망하였고, 어린 시절 그를 괴롭혔던 치통도 의학을 선택하게 된 요인 중 하나가 되었다.

노신은 1906년 센다이(仙台)의학전문학교 시절, 수업시간에 교사가 가끔 틀어주는 환등기를 통해 슬라이드 필름을 감상할 수 있었다. 그는 어느 날 러일전쟁의 기록을 담은 필름을 보게 되었다. 전쟁 당시, 중국인 남자가 러시아의 스파이 노릇을 한 죄로 무릎이 꿇린 채로 일본 군인의 칼에 처형을 당하는 장면이었다. 노신에게 충격을 안겨 준 것은 정작 처형장면의 끔찍함도 아니고, 교실 안에서 함께 필름을 보던 일본 학생들의 환호성도 아니었다. 바로 자신의 동족이 죽임을 당하는데도 불구하고 주변의 건장한 중국인들이 아무도 나서서 저항하지 않은 채 멀뚱멀뚱 구경만 하고 있는 장면을 목격하였기 때문이다.

환등기 필름에는 나오지 않았던 내용이지만, 당시 중국 사람들은 사형수의 머리가 잘리면, 저마다 대나무 꼬챙이에 찐빵(饅頭 만터우)을 끼워서 들고 있다가, 목이 잘려 뿜어져 나오는 피를 찐빵에 찍어 먹었다. 사람의 피가 폐병을 낫게 한다는 미신 때문에 이들은 그처럼 우매하고 무지막지한 행동을 했던 것이다. 노신의 단편소설 『약(藥)』에는 아버지가 폐병에 걸린 딸을 위해 인혈(人血) 만두를 권하는 장면이 나온다. "큼직한 손이 그 앞에 펼쳐졌다. 다른 한 손은 시뻘건 찐빵 하나를 집고 있었다. 먹어라 병이 나을 게다. 피 먹인 찐빵은 폐병에 직방이라니까!"

환등기 필름을 보고 충격을 받은 노신은 의학 공부를 포기하고 문학에 종사하기로 결심하였다. 정신이 썩은 몸뚱이를 치료한들 아무 소용이 없으며, 문학을 통해 중국인의 국민성을 개조해야 한다고 생각하였던 것이다. 수많은 중국의 젊은이들은 노신과 같은 작가들의 신문학을 통하여 중국 사회의 낙후된 현실과 자신들의 우매함을 차츰 깨달을 수 있게 되었다.

마르크스주의의 전파와 중국공산당의 수립

한편 1917년 10월 러시아에서는 볼셰비키(Bolsheviki)[19] 혁명이 성공하여 오랜 세월 차르(러시아 황제)가 통치하던 제정(帝政)러시아가 무너지고 사회주의 정권이 수립되었다. 1919년에는 러시아 공산당의 주도로 자본주의와 제국주의 열강에 공동으로 투쟁하기 위한 조직인 국제공산당 코민테른(Comintern)이 결성되었고 21개국 공산당 조직의 대표 52명이 모스크바에 모여 출범식을 거행하였다.

그런데 소비에트(Soviet)[20] 정부에서는, 유럽 제국주의자들이 아시아에서 약탈한 재화로 유럽 노동자에게 높은 임금을 지급하기에, 유럽에서 공산주의가 빠르게 확산되지 못한다고 분석하였다. 마르크스와 엥겔스가 일찍이 『공산당선언』에서 "프롤레타리아가 혁명에서 잃을 것은 쇠사슬뿐이요, 얻을 것은 온 세상이다. 전 세계의 노동자여, 단결하라!"고 부르짖었

19) 볼셰비키란 러시아사회민주노동당(RSDWP)내 레닌(Vladimir Il'Ich Lenin 1870~1924)이 이끄는 다수파를 일컫는 말이다. 볼셰비키는 무산계급에 의한 정권 탈취와 체제 변혁을 주장하였기에 온건한 민주 혁명을 주장한 멘셰비키(Mensheviki 소수파)와 구별된다.

20) 소비에트란 노동자, 농민, 병사들의 자치 기구를 의미한다.

지만 배부른 유럽의 노동자들은 움직이지 않았다. 소비에트 정부는 공산주의의 빠른 확산과 제국주의 타도를 위해서는 중국에 공산당을 수립해야 한다고 판단하였다.

1919년 7월 소련의 외무인민위원장 레프 카라한(1889~1937)은 일명 "카라한 선언"이라 불리는 대(對) 중국 외교선언을 발표하였다. "소련은 제정(帝政)러시아 시절 중국에서 탈취한 영토와 중국 영토 안에 있는 러시아 조계(租界)[21]를 포기하고, 약탈하였던 모든 물건을 반환한다. 소련은 제정러시아가 가졌던 중국에서의 영사재판권을 폐지한다. 중동철로와 관련된 일체의 특권을 포기하고 의화단운동에 대한 배상금인 경자배관(庚子賠款)을 요구하지 아니한다."는 등의 내용이었다. 카라한 선언이 중국에 전해지게 되자 중국인들은 열광하였고, 중국 사회에 러시아와 마르크스주의(Marxism)에 대한 관심과 신뢰가 형성되기 시작하였다. 마르크스주의 전파에 앞장섰던 북경대학 문과대 교수 겸 도서관장 이대쇠(李大釗 1889~1927)와 북경대학 문과대학장 진독수(陳獨秀 1979~1942) 등은 러시아 사회주의 혁명이 민중의 해방과 무산계급의 승리를 가져왔다고 확신하였다.

1920년 코민테른의 극동아시아 부장 보이틴스키(Grigori Voitinsky 1893~1956)가 중국에 파견되었다. 그는 이대쇠와 진독수를 만났고, 주요 도시를 순회하며 공산당 창당의 필요성을 역설하였다. 1921년 6월에는 코민테른 민족 · 식민지위원회 비서 마링(Maring1883~1942)이 상해에 파견되었다. 그 후 이대쇠, 진독수 등은 마링의 도움을 받으며 공산당 창당에 적극적으로 노력하였다.

1921년 중국에서 드디어 공산당이 창당되었다. 7월23일부터 31일까지, 북경, 상해, 광동, 재일유학생 등의 대표 13인이 상해 프랑스 조계 내에 위치한 이한준(李漢俊 1890~1927)의 집에서 중국공산당 제1차 전국대표대회를 개최하였다. 프랑스 조계의 경찰이 정보를 입수하고 이들에 대한 단속에 나서자, 대표자들은 절강성 가흥(嘉興) 남호(南湖)의 선상(船上)으로 가서 뱃놀이를 가장하여 남은 회의를 마무리하였다.모택동(毛澤東) 등이 참석한 이 회의에서 중국공산당은, "장차 자산 계급을 타도하고, 모든 사유재산을 몰수하며, 무산계급 독재를 실시할 것임"을 밝혔다.

21) 외국인이 자유롭게 거주하며 치외법권을 누릴 수 있도록 설정한 구역.

제1차 국공합작의 성립

한편, 5.4운동 시 민중의 역량을 확인한 손문은, 1919년 10월 상해에서 중국국민당(中國國民黨)을 창설하였다. 중화민국 초기의 국민당에 '중국' 두 글자를 추가해서 당명을 정하여 중국 민중을 기반으로 하는 국민 정당을 표방한 것이다. 손문은 1923년 1월 상해에서 중국 주재 소련 대표 요페(Adolf Abramovich Joffe)와 접견하여, 손문-요페 공동선언을 발표하였다. 손문은 이 선언에서 "국민당은 중국을 통일하고 완전한 독립을 이루기 위하여 소련과 연합하고(연아聯俄) 공산당을 받아들일 것임(용공容共)"을 분명히 밝혔다.

손문은 공산당과의 협력을 추진하는 한편, 군대를 양성하여 북양군벌을 타도하자는 목표 아래 장개석(蔣介石)을 소련에 파견하여 소련군 군사 교육기관을 시찰하도록 하였다. 소련 시찰을 마치고 돌아온 장개석은 1924년 1월 광주 근교에 황포군관학교(黃埔軍官學校)[22]를 설립하였고 소련에서는 군사 전문가 보로딘(Mikhail Borodin 1884~1951)과 갈렌(Galen 1889~1938) 등을 보내어 황포군관학교의 운영을 지원하였다. 국민당은 이러한 군사 방면에서의 노력을 통하여 1925년에는 국민혁명군(國民革命軍)을 조직하였기에 더 이상 서남지역 군소 군벌들의 군사력에 의지할 필요가 없어졌다.

국민당은 손문의 뜻에 따라 공산당과의 합작을 추진하였다. 당시 국민당의 당원 수가 공산당에 비해 훨씬 많았기에 당대당 통합은 불가능하였고, 공산당원이 개인 자격으로 국민당에 입당하는 방식으로 통합이 이루어졌다. 공산당 내부에는 이러한 방식에 다소 불만이 존재하였으나, 일단 국민당에 가입한 후 점차 세력을 강화하여 장차 국민당 전체를 접수하겠다는 것이 공산당 수뇌부의 숨은 전략이었으므로 커다란 잡음 없이 통합이 이루어질 수 있었다. 1924년 1월 중국국민당, 공산당, 코민테른의 합의에 의해 광주에서 통합 중국국민당 제1차 전국대표회의가 개최되었다. 이 회의에서 중국국민당 중앙집행위원 24명이 선출

22) 정식 명칭은 중국국민당육군군관학교(中國國民党陸軍軍官學校)이나, 광주시 황포구(黃埔區)에 위치하였기에 통상적으로 황포군관학교라 부른다.

되었는데 그 중 3명이 공산당원 출신이었다. 이로써 국민당과 공산당의 최초의 협력인 제1차 국공합작(國共合作)이 시작된 것이다.

4.12쿠데타와 국공합작의 결렬

그러나 손문은 외세의 간섭이 없는 하나의 독립 정부를 이루려던 꿈을 실현하지 못한 채, 1925년 3월12일 59세의 나이에 간암으로 사망하였다. 손문 사망 후 국민당 내에서는 국공합작 반대파와 찬성파 간 권력 투쟁이 부각되었다. 손문의 후계자 장개석은 당초 당내 대립에 대하여 중립적인 태도를 지니고 있었으나, 1926년 3월 광주에서 발생한 중산함(中山艦)사건을 계기로 좌파에 대해 강경조치를 취하였다. 중산함사건이란 국민당의 군함 중산함의 함장 이지룡(李之龍)이 공산당 및 광주 주재 소련영사관과 내통하여 장개석을 살해하고 국민당을 장악하려 했다고 알려진 사건을 말한다. 사건 발생 후 장개석은 광주에 계엄령을 선포하고 수많은 공산주의자들을 숙청하였다.[23)]

그 후 당권을 장악한 장개석은 1926년 7월 국민혁명군 총사령관으로서 북벌에 나섰다. 잘 훈련된 장개석의 국민혁명군은 군벌에 시달리던 민중들의 호응을 얻으며 빠르게 북벌을 진행해 나아갔다. 1926년 9월에는 한양(漢陽)과 한구(漢口)를, 10월에는 무창(武昌)을, 1927년 3월에는 상해와 남경을 점령하였다. 그런데, 북벌 전쟁 기간 중, 군벌 세력에 억눌려 있던 노동자와 농민들이 국민혁명군 점령 지역에서 지주 및 부유한 자들을 대상으로 폭행과 재산몰수 등을 자행하여 파괴와 혼란이 만연하게 되었다.

1927년 3월 상해에 입성한 장개석의 국민혁명군은 코민테른과 중국공산당의 주도 하에 발생한 노동자들의 대규모 파업 시위에 직면하였다. 장개석은 공산당 세력의 확장을 방치할 경우 북벌을 완성한다고 해도 커다란 우환이 될 것으로 판단하고, 이들을 무자비하게 진압하였다. 진압 사흘 만에 수천 명의 사상자가 발생하는 참사를 낳았는데 이를 4.12정변 혹

23) 장개석이 국민당 내 공산당의 영향력을 억제하기 위해 이 사건을 조작했다는 주장도 있다.

은 4.12쿠데타라고 한다. 그 결과 제1차 국공합작은 붕괴되고, 4월18일 장개석은 남경에 반공(反共) 노선을 명확히 내세운 남경국민정부(南京國民政府)를 세웠다.

북벌의 완성

장개석의 국민혁명군은 1928년 다시 북벌에 나섰다. 군벌들은 북벌군의 기세에 눌려 속속 항복하였고 장개석은 순조롭게 진격을 계속할 수 있었다. 당시 북경의 정권을 장악하고 있었던 자는, 수차례의 군벌 간의 전쟁에서 승리한 봉천파의 장작림(張作霖)이었다. 북벌군이 북경을 위협해오자 장작림은 1928년 6월 3일 열차 편을 이용하여 자신의 근거지인 봉천(奉天, 현 심양瀋陽)으로 떠났다. 뜻밖에도 그가 탄 열차는 도착 직전 봉천 시내로부터 10여 킬로미터 떨어진 황고둔(皇姑屯)역에서 일본군이 미리 설치한 폭탄에 의해 폭파되었고 장작림은 사망하였다. 장작림은 당초 일본으로부터 지원을 받았으나, 일본의 중국 동북(東北)지역 장악에 대해 결코 순순히 협조하는 태도를 보이지 않았기에 보복을 당한 것이다. 장작림 폭살 사건을 '황고둔사건'이라 한다.

1928년 6월8일 북경에 들어선 장개석의 국민혁명군은 북벌이 완료되었음을 안팎으로 선언하고, 온 북경 시내에 국민당을 상징하는 청천백일만지홍(靑天白日滿地紅)기를 내걸었으며 남경(南京)을 수도로 정한다고 발표하였다.

중화소비에트공화국과 대장정

중화소비에트공화국과 대장정

남창봉기의 실패와 정강산 투쟁, 중화소비에트 공화국

국민당의 공산당 탄압 속에 1차 국공합작이 결렬된 후 궤멸 위기에 빠진 중국공산당은 새로운 활로를 모색해야 했다. 이 때 코민테른은 중국공산당에게 도시에서 무장봉기를 일으켜 근거지를 확보하라는 지령을 내렸다. 이에 중국공산당은 국민당의 방비가 비교적 허술한 강서성(江西省) 남창(南昌)을 선택하여 봉기를 일으켰다.

1927년 8월 1일 주덕(朱德)[24] 등 공산당 지도자들은 군대를 조직하여 남창을 점령하고 혁명위원회를 설치하였다. 그러나 곧 국민당군의 포위 공격으로 5일 만에 진압되었다. 비록 남창봉기는 실패로 돌아갔지만, 이 봉기에 참여하였던 홍군(紅軍)이 국민당군을 상대로 첫 전투를 벌인 것이기에, 중국에서는 8월 1일을 인민해방군(人民解放軍)[25]의 건군 기념일로 지정하였고, 이로 인해 중공군의 군기와 군복의 모자에는 '팔일(八一)'이라는 글자가 새겨지게 되었다. 중국공산당은 그 후 호북(湖北), 하남(河南), 섬서(陝西), 광동(廣東) 등지에서 일으킨 봉기에서도 모두 실패하였다.

무장봉기를 통해 도시에 근거지를 확보하려는 전략에 오류가 있음을 발견한 모택동은, 농촌을 우선 장악한 후 도시를 포위하는 전략을 구상하였다. 그는 1927년 12월 약 1,000명의 병력을 이끌고 정강산(井岡山)으로 들어가 이곳을 근거지로 삼았다. 정강산은 강서성(江西省)과 호남성(湖南省)의 경계에 위치한 산으로서 숲이 울창하여 국민당 군의 공격에 게릴라 전술로 대응하기에 적합한 곳이었다.

모택동은 이 곳에서 민심을 확보하기 위해 군의 규율을 엄격히 하였고 인민들에게 예의

24) 주덕(朱德 1886~1976)은 중화인민공화국의 개국 공신이며, 한국전쟁에도 참전하였다.

25) 1946년 홍군에서 인민해방군으로 명칭을 변경하였다.

바르고 정직하게 행동할 것을 명령하였다.[26] 그는 이른바 3대 규율과 6대 주의사항을 준수하도록 하였고, 강서, 호남지역에서 지주들의 토지를 몰수하여 농민들에게 분배하는 정책을 실시하였다. 이를 통해 민심을 얻은 덕에, 곳곳에 공산당의 근거지가 늘어났고, 홍군의 병력도 크게 증가하였다.

공산당의 성장에 위기감을 느낀 장개석은, 이들을 뿌리 뽑기 위해 1930년 12월 10만 여명의 군대를 파견하여 토벌 전쟁을 벌였다. 그러나 홍군은 신출귀몰한 게릴라 전술을 전개하였다. 이 당시 모택동이 제시한 이른바 '유격전쟁 십육자결(遊擊戰爭 十六字訣)'은 "적이 진격하면 아군은 물러나고, 적이 정지하면 아군은 후방을 교란하고, 적이 피로해지면 아군은 습격하고, 적이 후퇴하면 아군은 추격한다(敵進我退, 敵駐我擾, 敵疲我打, 敵退我追追)."는 것이었다. 장개석은 1931년 7월까지 3차례에 걸쳐 공산당 토벌에 나섰으나 모두 실패하였다.

이에 고무된 공산당은 1931년 강서성(江西省) 서금(瑞金)에 중화소비에트공화국(中華蘇維埃共和國) 수립을 선포하였다. 소비에트(Soviet)란 러시아 말로 평의회(評議會 사람들이 모여서 의사 결정을 하는 기구이다)란 뜻으로, 노동자, 농민, 병사들의 자치 기구를 의미한다. 즉, 중화소비에트공화국은 소련처럼 노동자, 농민, 병사들의 자치로 운영되는 사회주의 중국이란 뜻이다.

---

26) 모택동이 당시 정한 3대 규율(三項規律)은 다음과 같다.
① 모든 행동은 중앙의 지휘에 따른다.
② 인민들로부터 실, 바늘 한 개도 무상으로 얻지 않는다.
③ 토호(土豪 지방유지)로부터 몰수한 것은 공동의 것이다.
8대 주의사항(八項注意)도 정해졌다.
① 말을 공손히 한다.
② 물건을 살 때 반드시 돈을 지불한다.
③ 빌린 물건은 반드시 돌려준다.
④ 파손된 물건은 반드시 배상한다.
⑤ 농작물을 훼손하지 않는다.
⑥ 사람을 때리거나 욕하지 않는다.
⑦ 부녀자를 희롱하지 않는다.
⑧ 백성을 학대하지 않는다.

류조호사건과 만주국 수립

한편, 남경의 국민당 정부는 국민들의 여론에 따라 배일(排日)입장을 취하였다. 특히, 장학량(張學良)은 아버지 장작림(張作霖) 폭사 사건 이후 일본에 큰 반감을 지닌 채 국민당 정부에 합류하였다. 일본은, 만주(滿洲)에서 일본 상품을 배척하고 일본의 이권을 회수하고자 하는 운동이 전개되어 그들의 만주 지배 계획이 흔들리자 무력 침략의 기회를 엿보다가 1931년 9월 18일 만주사변을 일으켰다. 일본 관동군(關東軍)[27]은 1931년 9월18일 봉천(奉天) 북쪽 류조호(柳條湖)에서 일본이 장악하고 있던 만주 철로를 폭파하고 장학량 군대의 소행이라고 허위로 발표한 후 공격을 개시하였다. 관동군은 봉천 및 장춘(長春) 등 요녕성(遼寧省)과 길림성(吉林省)의 주요도시를 점령하였고 흑룡강성(黑龍江省)으로 세력을 확장하였다. 서구 열강들이 대공황[28]으로 간섭이 어려워진 사정을 이용한 것이다.

그러나 장개석의 국민당 정부는 일본군의 공격에도 불구하고 공산당 토벌이 더욱 중요하다고 판단하여 동북군(東北軍) 사령관 장학량에게 저항하지 말라고 명령하였다. 중국의 민중들은 이에 거세게 반발하였으나, 장학량은 '저항하지 못하는 장군(不抵抗將軍)'이란 불명예스런 별명을 얻으면서도 끝내 저항하지 않았다. 일본은 1932년 초까지 만주의 전 지역을 장악하였고, 그 해 3월1일 청조의 마지막 황제 부의(溥儀 푸이)를 국가원수로 삼아 만주국을 세웠다. 만주족 출신의 황제를 국가원수로 삼았기에 만주족의 나라라는 명분이 있었으나, 사실상 일본의 식민지에 불과하였다.

27) 만주에 주둔하던 일본군의 총칭으로서 이 지역이 산해관(山海關) 동쪽 지역이기에 얻은 명칭이다.

28) 1929부터 1939년까지 세계적으로 지속된 경제의 하강국면(Great Depression).

대장정 감행

국민당 군은 일본의 침략에 저항하지 않은 반면, 중화소비에트 지역에 대해 역량을 집중하여 꾸준히 토벌작전을 벌였다. 그들은 1933년 9월부터 1934년 10월까지 벌어진 제5차 토벌에 100만여 명의 병력과 폭격기 200여대를 투입하였다. 결국 모택동은 1934년 10월, 강서(江西)의 중화소비에트를 포기한 채 8만6천여 명의 홍군을 이끌고 탈출을 감행하였다. 그들은 국민당 세력이 미치지 못하는 곳에 새로운 근거지를 마련하기 위해 서쪽으로 크게 돌아 동북쪽으로 이동하였는데 이를 대장정(大長征)이라 한다.

대장정의 길은 무려 1만2천 킬로미터에 달하였다. 참가자들은 18개 산맥의 1천 개 이상의 산을 넘고 24개의 강을 건너고, 짐승과 독충이 우글거리는 늪지대를 돌파하며 14개 성(省)을 경과하였다. 추위와 식량부족, 국민당군의 공격으로 많은 병사가 사망하여 1935년 10월 홍군의 주력부대가 섬서성 연안(延安) 오기진(吳起鎭)에 도착했을 때, 생존자의 숫자는 최초 참가자의 10분의 1 수준인 8천여 명에 불과하였다. 장정을 치른 홍군은 지칠대로 지쳐 있었기에 국민당군의 대대적인 소탕 작전이 벌어질 경우 전멸의 위기에 처하게 될 것이 명백한 상황이었다.

중일전쟁 · 국공내전 · 중화인민공화국

중일전쟁 · 국공내전 · 중화인민공화국

"일치 항일"과 "양외필선안내" 간의 의견 대립

1932년 괴뢰국인 만주국을 세운 일본은 1935년 화북(華北)지방에도 침략의 손길을 뻗쳤다. 일본의 침략의 확대는 중국 공산당에게 회생의 기회를 제공하였다. 국민당과 공산당이 함께 항일투쟁에 나서야 한다는 명분을 확보하여 재기를 노릴 수 있었기 때문이다. 일본은 하북성(河北省), 산서성(山西省), 차하얼성(察哈爾省), 쉐이위안성(綏遠省)[29], 산동성(山東省) 등 화북지역 다섯 개 성(省)의 군벌 및 정치 지도자들을 매수하거나 압박하여 이들이 국민당 정부에게 자치와 독립을 선언하도록 하였다. 이 자치 운동은 일본이 그들의 꼭두각시 정권을 세우려는 시도에서 비롯된 것이다.

공산당은 국민당과의 합작을 이끌어내기 위해, 1935년 8월 1일 모스크바에서 열린 코민테른 제7차 대표대회에 대표단을 파견하였다. 이 자리에서 왕명(王明)[30]이 『항일 구국을 위해 전체 동포에게 고하는 글(爲抗日救國告全體同胞書)』이란 제목의 선언문을 제출하였다. 선언문의 핵심 내용은 국공(國共)간 내전을 중지하고 일치 단결하여 항일 투쟁을 전개하자는 것, 그리고 이를 위해 전(全)중국 통일 국방정부와 항일연합군을 조직하자는 것이었다. 코민테른에서는, 각국 공산당이 내부적으로 연맹을 결성하고, 제국주의에 투쟁을 전개하여 하루빨리 공산주의가 확산되기를 원했기에 본 선언문을 승인하고 지지하기로 결정하였다. 왕명의 선언문은 중국 각지에 전달된 후, 중국 청년 학생들과 지식인들로부터 커다란 호응을 얻었다. 특히 1935년 12월9일에는 북경 지역 학생 수천 명이 "내전 중지, 일치(一致)항일"을 요

29) 차하얼성은 현재 내몽골 자치구와 하북성에 속해 있으며, 쉐이위안성은 내몽골 자치구 남부에 속해 있다.

30) 왕명(王明, 본명, 진소우 陳紹禹, 1904~1974)은 소련 유학을 통하여 마르크스주의를 학습하였으며 코민테른의 지지를 받았던 중국공산당의 초기 지도자 중 한 명이다.

구하며 시위를 전개한 이른바 "12.9운동"이 발생하였다.

그러나 장개석의 "외적을 물리치기 위해서는 반드시 내부를 안정시켜야 한다(攘外必先安內 양외필선안내)"는 방침에는 변화가 없었다. 장개석은 1936년 5월 또다시 홍군 토벌을 위해 장학량이 지휘하는 동북군(東北軍)과 양호성(楊虎城1993~1949)의 서북군(西北軍)을 섬서성(陝西省) 북부에 파견하였고, 1936년 12월 4일 홍군에 대한 작전을 독려하기 위해 친히 섬서성 서안(西安)으로 갔다. 이 때 장학량과 양호성 등은 장개석에게 거듭 항일에 나설 것을 요구하였으나 거절당하였다.

서안사변의 발생

마침내 장학량과 양호성은 이른바 서안사변(西安事變)을 일으켰다. 그들은 12월12일 군대를 동원하여 장개석과 그의 참모들을 감금하였고 "내전을 중지할 것, 정치범을 석방할 것, 인민의 정치적 자유를 보장할 것, 손문(孫文)의 유훈에 따를 것, 구국회의를 개최할 것" 등의 요구 사항을 제시하였다.

회심의 미소를 띄게 된 중국공산당은 주은래(周恩來)를 서안(西安)에 파견하여 국공 연합을 통한 항일에 합의한 후 장개석을 석방하자는 해결 방안을 제시하였다. 중국공산당 내부에서는 이 기회에 장개석을 살해하자는 의견도 대두되었으나, 장개석을 살해할 경우 그에 따른 비난 여론으로 정치적 국면이 자신들에게 불리하게 전개될 것이 우려되었기에 실행되지 않았다. 중국공산당은 우선 항일민족통일전선을 구축하여 그들의 역량을 키우는 것이 최선이라고 판단하였던 것이다. 1936년 12월25일 장개석은 내전 중지와 국공합작을 통한 항일에 합의하여 석방된 후, 장학량과 함께 남경(南京)으로 돌아갔다. 장학량은 남경 도착 즉시 투옥되어 10년 동안 복역한 후, 1946년 대만(臺灣)으로 압송되어 1988년까지 가택 연금 생활을 해야 했다.

중일전쟁, 남경대학살

중국이 서안사변을 계기로, 국공합작을 통한 항일 방침을 채택한지 불과 반년 만에, 일본 관동군 장교들은 북경에서 서쪽으로 10여km 떨어진 강에 위치한 노구교(蘆溝橋)에서 사변을 계획하였다. 당시 이 다리를 중심으로 일본군은 서쪽을, 중국 국민당군은 동쪽을 관할하고 있었다. 1937년 7월 7일 야간 훈련 중이던 일본군 부대 내부에서 총성이 울렸고, 일본군 병사 1명이 행방불명 되는 사건이 발생하였다. 이 병사는 잠시 후 부대로 복귀하였으나, 일본군은 국민당군 관할 지역을 수색하겠다고 요청하였다. 국민당군이 이를 거절하자 일본군은 이튿날인 1937년 7월 8일 새벽 중국군 부대에 포격을 가하였고 노구교를 점령하였다. 이후 양측의 공방이 계속되었고, 일본 정부는 중국 측의 선제적이고 계획적인 무력 사용을 용납할 수 없다는 구실을 내세우며 대규모 병력을 중국에 파견하였다.

1937년 8월 전쟁은 상해로 확대되어 격렬한 전투가 벌어졌다. 국민당과 공산당 양당은 9월22일 비로소 다음과 같이 제2차 국공합작의 최종 협정안을 발표하였다. 공산당이 국민당의 지시에 따르는 방식이었다. 1)국공 양당은 손문의 삼민주의의 실현을 위해 싸운다. 2) 공산당은, 폭력에 의한 국민당 타도 정책 및 지주의 토지 몰수정책을 포기한다. 3)홍군은 국민혁명군으로 개명하고, 국민정부군사위원회(國民政府軍事委員會)의 통제를 받는다. 이에 따라, 홍군의 일부를 국민혁명군 제8로군(八路軍)으로 개편하여 화북지역을 담당하도록 하였고 주덕(朱德 1886~1976)과 팽덕회(彭德懷 1898~1974)가 총 지휘의 임무를 맡게 되었다.

팔로군 이외에, 화중(華中)지역[31]을 담당하였던 신사군(新四軍 New Fourth Army) 역시 공산당이 독자적인 작전권을 지니고 있었다. 엽정(葉挺 1896~1946)이 총 지휘하였던 신사군(新四軍)의 전신은 북벌(北伐)전쟁 당시 '국민혁명군 제4군'이었는데 전쟁 중 혁혁한 전공을 세운 엽정은 "북벌명장"으로, 국민혁명군 제4군은 "강철 군대(鐵軍)"로 불렸다. 국민혁명군 제4군은 1927년 중국공산당이 일으킨 남창(南昌)봉기에 참가하기 위해 국민혁명군을 이탈한 바도 있

31) 화중지역은 하남성(河南省), 호북성(湖北省), 호남성(湖南省), 강서성(江西省) 등을 포함한다.

었다.

중일전쟁 발발 후 중국공산당은 국민당에게 남부 8개성의 홍군과 유격대를 새로운 부대로 개편하여 항일 역량을 집중할 것을 건의하였다. 이 건의가 접수되어 부대의 지휘권이 엽정에게 위임되었는데, 엽정이 북벌 전쟁 시 위용을 떨쳤던 제4군의 전통을 계승할 것을 강력히 주장하여 제2차 국공합작 후 국민혁명군육군신편제4군(國民革命軍陸軍新編第四軍)이라 명명하게 되었고 그 약칭이 신사군(新四軍)이었던 것이다.

1937년 11월 일본은 상해를 3개월 만에 함락하였고, 12월에는 수도 남경을 점령하였다. 이에 장개석은 수도를 남경에서 중경(重慶)으로 옮겨 장기전에 대비하였다. 일본군은 1937년 12월부터 1938년 2월까지 남경에 남아 있던 수많은 중국인들을 잔혹하게 학살하였다.[32] 1937년 12월13일 일본『마이니찌(每日)신문』에서는 "두 명의 일본군 장교 도시아키(向井敏明)과 쓰요시(野田毅)가 100명을 먼저 죽인 사람을 승자로 인정하기로 결정한 살인 시합을 벌였음."을 보도하였다. 이 밖에도 일본군은 중국군 포로 및 민간인을 묶어 놓고 총검술 훈련 도구로 사용하였고, 어린아이를 던져서 총검으로 찌르거나 부녀자를 강간한 후 잔인하게 살해하였다. 또한 총알을 아끼기 위해 사람들을 생매장 하는 등, 이루 형언할 수 없는 극악한 만행을 저질렀다. 일본군은 전쟁이 길어지면서 더욱 광기에 사로잡혀 "주민들을 몰살하고(殺光), 물자를 모조리 약탈하며(搶光), 시설물을 모두 불태우고 파괴하자(燒光)"는 이른바 "삼광(三光)작전"을 전개하여 중국 민간인들에게 심각한 피해를 안겨주었다.

국공간 갈등 심화

당시 팔로군과 신사군은 농민들에게 게릴라식 항전을 지도하며 민심을 얻어 근거지를 확산해 나아갔다. 이들의 병력은 지속적으로 증가하였고 공산당 지배 구역도 크게 확대되

32) 남경대학살에서 살해된 비전투원과 포로 사망자는 30여만 명으로 알려져 있다. 전후 1946년부터 1948년 동경(東京)에서 열린 극동국제군사재판(International Military Tribunal for the Far East, IMTFE 일명, 도쿄전범재판)에서는 살해된 비전투원과 포로 사망자 수를 15만 명 정도로 추산하였다.

어 약 1억 명의 인구를 아우를 수 있게 되었다. 이처럼 공산당이 민심을 얻으며 크게 발전하고 있었던 것에 반하여, 국민당은 지배 지역에서 독재와 반공을 강화하여 민심을 잃고 있었다.[33)]

공산당의 세력 확장에 불안감을 지녔던 장개석은 1940년 12월 양자강 남쪽 지역에서 일본군과 대치하고 있었던 신사군을 양자강 이북으로 이동하라고 명령하였다. 국민당군은 1941년 1월 신사군이 장강을 건너 철수하자 신사군을 포위 공격하였다. 지휘관 엽정은 국민당과 협상을 시도하였으나 체포되었고, 신사군 병사 9천여 명 중 2천여 명만 생존하여 포위망을 돌파하고 양자강 이북으로 도주하였다. 이를 환남사변(皖南事變)이라고 한다. 장개석은 곧이어 신사군 해체를 명령하였고, 이에 따라 제2차 국공합작은 서서히 금이 가기 시작하였다.

환남사변을 일으킨 장개석에 대한 비난 여론이 확산되는 가운데, 공산당은 진의(陳毅 1901~1972)와 유소기(劉少奇 1898~1969)를 새로운 지휘관으로 삼아 신사군을 재건하였다. 그들은 연안(延安)을 중심으로 반(反)장개석의 민심을 흡수하여 세력을 키워 나아갔다. 공산당은 지주의 토지를 몰수하지 않음으로써 지주 세력을 포용하였고, 감조감식 정책(減租減息 소작료와 채무 이자를 경감하는 정책)을 통하여 농민들도 포용할 수 있었다.

일본의 패망

중일전쟁이 장기화되며 전장이 확산되자, 미국은 일본의 중국 침략을 반대하며 중국을 지원하였고, 1939년 7월 일본에 대한 군수 물자 및 원자재 수출 금지 조치를 단행하였다.

---

33) 모택동(毛澤東)은 "7분(分) 발전, 2분 합작, 1분 항일"을 주장하며 중일전쟁을 주로 중국공산당 재기의 기회로 이용했다는 설이 있다. 이는 역량의 70%는 공산당의 발전에 사용하고, 20%는 국공합작에, 10%는 항일에 사용하겠다는 의미로서, 전쟁 기간에 항일 보다는 국민당을 앞서는 역량을 키우는데 집중하여 최종적으로 중국 대륙에서 패권을 차지해겠다는 야욕의 발로라는 것이다. 이 주장의 진위에 대하여 적지 않은 논란이 존재하고 있다.

이에 일본은 동남아시아로 눈길을 돌렸다. 그들은 서양 세력을 몰아내고 공동 번영을 추구하자는 이른바 대동아공영권(大東亞共榮圈東)이란 미명 하에 동남아시아 지역에서 자원 및 노동력을 수탈하려 하였다. 당시 동남아시아 지역은 프랑스, 네덜란드 등이 식민 지배를 하고 있었으나, 제2차 세계대전 발발 후 나치 독일이 이 두 나라를 점령하였고, 영국 역시 독일과의 전쟁에 집중해야 했다. 유럽 국가들은 동남아시아에 신경 쓸 여력이 없었던 것이다.

일본은 자신들의 세력 확장을 방해하는 유일한 존재인 미국에게 타격을 가하기 위해 1941년 12월 7일 진주만(Pearl Harbor) 공격을 감행하였다. 이 사태로 미국의 군함 12척과 전투기 188대가 파괴되었고, 2,400여명의 사망자가 발생하였다. 큰 피해를 입은 미국은 일본에 선전포고를 하였고, 곧이어 태평양을 사이에 두고 미일 간에 치열한 전투가 전개되었다. 미국은 1945년 일본 본토에 대해 지속적으로 폭격을 가한 끝에 8월 히로시마와 나가사키에 원자 폭탄을 투하하였다. 일본은 무조건 항복할 수밖에 없었고, 이에 따라 8년간의 중일전쟁도 막을 내리게 되었다.

국공내전 발발

일본이 항복한 후, 미국의 대 중국 정책은 중국 대륙에 장개석의 국민당 정부를 중심으로 통일연합정부를 세우고 이를 바탕으로 아시아 지역에서 미국의 이익을 추구하는 것이었다. 때문에 미국은 장개석의 국민당 정부를 중국의 합법 정부로 인정하였다. 그러나, 8년간의 중일전쟁 기간 중 공산당은 무시할 수 없이 성장해 있었고, 마침내 1946년 7월부터 국민당과 공산당은 대륙에서의 주도권을 차지하기 위해 치열한 싸움을 벌이게 되었다.

국민당군은 미국으로부터 지원받은 우수한 무기를 바탕으로 국공내전을 우세하게 이끌어 1947년에는 공산당의 근거지 연안을 점령하였다. 국민당은 이 밖에도 총력을 기울여 각 성(省)의 많은 주요 도시를 점령하였다. 그러나 국민당군은 점령한 지역들을 지키기 위해 병력을 분산시키며 고립을 자초하게 되었다. 반면 공산당군은 분산된 국민당군을 포위 공격하여 승리를 거듭해 나아갔다.

민심 역시 공산당에게 기울어져 있었다. 공산당의 홍군이 인민을 위한 군대로 이미지를 포장하여 백성들의 지지를 얻었다. 반면, 국민당은 집권당이었기에, 8년간 중일전쟁으로 인해 발생한 빈곤과 혼란, 부패와 부조리에 대한 원망은 온전히 국민당에게 집중되었다. 중국 공산당은 이 점을 적절히 파고들어 선전 선동에 집중하여 여론을 자신들에게 유리하게 유도할 수 있었다. 홍군으로부터 개명한 인민해방군은 입대를 원하는 수많은 청년들을 받아들여, 1948년 인민해방군의 인원은 280여 만 명으로 증가하였다.

중화인민공화국의 수립

인민해방군은 기세등등하게 3대 전역(戰役 : 지역별 전쟁, 전투)에서 국민당군을 격파하였다. 3대 전역은 1948년 9월부터 10월까지 만주(滿洲)지역에서 벌어졌던 요심(遼瀋)전역과, 1948년 11월부터 1949년 1월까지 서주(徐州)를 중심으로 한 회하(淮河) 이북과 해주(海州) 일대에서 벌어졌던 회해(淮海)전역, 그리고 1948년 11월부터 1949년 1월 북경(당시 명칭은 북평 北平이었음)과 천진(天津)지역을 무대로 하였던 평진(平津)전역을 가리킨다. 인민해방군은 1949년 1월 31일 북경에 입성하였고, 4월 23일 중화민국의 수도 남경을 함락했으며, 5월 27일에는 상해를 점령하였다. 모택동은 1949년 10월1일 북경 천안문 광장에서 중화인민공화국 성립을 선포하였다. 인민해방군은 11월 30일 중화민국 정부의 임시수도였던 중경(重慶)을 함락하였다.

패배한 장개석은 그 해 12월 10일 사천성 성도(成都)에서 대만으로 탈출하였고 그의 뒤를 패잔병 50만 명과 및 피난민 200여 만 명이 따랐다. 장개석이 대만을 선택한 이유는, 대만이 아열대 기후로 농작물이 풍부해 식량 확보가 용이하고, 일제시대에 건설된 도로, 철도, 항만 등 사회간접자본이 잘 갖추어져 있었기 때문이다. 또한, 해남도(海南島)에는 수만 명의 공산당 게릴라 조직이 있었지만, 대만에는 그러한 조직이 없었다. 더불어, 대만은 미국이 줄곧 대 중국 제어 전략에 있어 “가라앉지 않는 항공모함”이라고 부를 만큼 중요하게 평가하고 있는 지역으로, 미국의 보호를 받을 수 있는 이점도 있었다.

국민당의 패배는 전투에서의 전술, 전략상의 실패에도 그 원인이 있었지만, 그 보다는 국민당 지배 지역에서의 부정부패와 독재에 따른 민심 이반이 더욱 큰 원인이었다. 공산당은 국민당으로부터 이반된 민심을 선전 선동 전술로 적절히 흡수하였던 것이다.

한국전쟁

한국전쟁

김일성의 전쟁 계획과 스탈린의 승인

김일성은 1949년 3월부터 모스크바에서 스탈린과 접촉하여 남침을 허가해 줄 것을 끈질기게 간청하였다. 스탈린은 애초에는 미국의 개입을 우려하여 남침을 허가하지 않았다. 그러나 미군이 1949년 6월 한국에서 철수하는 중대한 변화가 발생하였다. 미국은 소련 세력의 확대를 제어함에 있어 유럽의 전략적 가치를 한반도에 비해 더욱 중시하였고 이에 따라 해외 주둔 미군을 효과적으로 재배치하려는 계획을 세웠던 것이다. 게다가 1949년 10월 중국에 공산당 정권이 수립되자, 스탈린은 국제 정세가 공산 진영에 유리하게 전개되고 있다고 판단하기 시작하였다.

1950년 1월, 미국의 국무장관 딘 애치슨(Dean Acheson, 1983~1971)은 태평양에서 공산화를 저지하기 위한 극동 방위선으로 알류샨 열도, 일본, 오키나와, 필리핀을 연결하는 이른바 애치슨 라인(Acheson line)을 발표하였다. 이 지역 방위선에서 대한민국과 대만, 인도차이나 반도가 사실상 제외되었던 것이다. 이로 인하여 김일성의 남침 욕망은 더욱 강화되었으며, 스탈린은 미국의 개입이 없을 것이라는 판단 하에 1950년 4월 10일 모스크바를 또다시 방문한 김일성에게 남침 전쟁을 승인해주었다.[34)]

---

34) 소련이 붕괴한 뒤인 1994년 6월 2일 김영삼 대통령이 러시아를 방문했을 때, 대한민국 측은 러시아로부터 6.25전쟁 관련 자료 216점과 548페이지에 달하는 문건을 넘겨받았다. 이 자료들 및 미국 공문서보관소에 소장된 160만 페이지에 달하는 문서로부터 6.25전쟁은 북한의 남침임이 분명하며 북침설은 황당한 허구임을 확인할 수 있다.

북한의 불법 남침과 서울 점령, 낙동강 전선에서의 반전

1950년 6월25일 새벽 북한군이 기습 남침을 감행하여 마침내 전쟁이 발발하였다. 스탈린과 김일성 그리고 모택동의 가장 큰 걱정은 역시 미군의 참전 가능성이었다. 때문에 이들은 미군이 한반도에 도착하기 전 최대한 빨리 전쟁을 종결하기로 계획을 세웠다. 소련제 탱크로 무장한 북한군은 남침 사흘만인 6월28일 서울을 점령하여 중앙청에 인공기를 내걸었고 시민들을 대상으로 무자비한 인민 재판과 숙청을 자행하였다.

유엔 안전보장이사회는 1950년 6월 26일 긴급 회의를 소집하여 북한의 남침을 규탄하고, 국제 사회의 평화와 안전을 지키기 위해 군사 지원을 결의하였다. 7월 7일 유엔 안전보장이사회에서는 유엔군사령부 설치를 의결하였고, 더글라스 맥아더(Douglas MacArthur) 장군을 유엔군 총사령관으로 임명하였다. 그후 미국을 비롯한 16개국에서 군대를 파병하였고, 5개국에서 의료 지원을 하였으며, 39개국에서 물자 지원에 나섰다.

비록 유엔군이 1950년 7월초 한국에 도착하여 전투에 참여하였으나, 북한군은 우세한 전력으로 대구, 부산 등 경상도 지역 일부만을 제외한 대부분의 지역을 점령하였다. 북한군에 밀려 후퇴한 국군과 유엔군은 8월 초에는 마침내 낙동강을 최후의 방어선으로 삼기에 이르렀다. 이 때 대구로 통하는 전술적 요지인 칠곡군 다부동에서는 국군 및 유엔군 1만 5천여명과 북한군 3만여 명 사이에 약 25일간 치열한 전투가 전개되었다. 이 전투에서 국군과 유엔군 1만여 명, 북한군 2만 4천여 명의 사상자가 발생하였다. 이때 국군 1사단은 북한군의 공격을 저지하여 대구를 지켜내는데 큰 공헌을 하였다. 특히 사단장 백선엽 장군은, 전투 중 겁에 질린 국군 병력이 후퇴를 시도하고 무단 이탈병이 발생하자, 군인들을 가로막으며 "내가 앞장설 테니 나를 따르라. 내가 후퇴하면 나를 쏴도 좋다."며 장병들을 독려하였다. 만일 다부동전투에서 패했다면 최후의 낙동강 방어선이 허물어진 후, 대한민국은 적화되었을 것이다.

인천상륙작전의 성공과 북진

맥아더가 이끄는 UN군은 1950년 9월 15일 인천상륙작전을 감행하였다. 유엔군 상륙부대가 한반도 중부에서 북한군의 퇴로를 차단한 후 낙동강 전선에 투입되었던 유엔군이 대반격을 한다는 계획이었다. 인천상륙작전 성공 후 전세가 완전히 역전되어 유엔군과 국군은 9월 28일 서울을 수복하였다.

이승만 대통령은 9월 말 북진 명령을 내렸고, 10월 1일 국군 3사단이 최초로 38선을 돌파하였다. 10월 19일 국군 제1사단이 평양에 입성하여 평양시청에 태극기를 내걸었고, 1950년 10월 22일 평안북도 묘향산 인근에서 북진하던 국군 제6사단 7연대는 김일성의 소련제 리무진을 발견하여 노획하였다.[35] 10월 26일에는 김종오 소장이 지휘하는 국군 제6사단이 압록강변 초산리에 도착하여 압록강 물을 수통에 담아 이승만 대통령에게 보내었다. 바야흐로 국군과 유엔군은 한반도에서 공산군을 몰아내기 위한 마지막 공세에 돌입하게 되었고 조국 통일을 눈앞에 두고 있었다.

중공군의 전쟁 개입

그러나 패전의 위기감에 사로잡힌 김일성은 1950년 10월1일 모택동에게 파병을 요청하는 친필 편지를 보내었다. "조국의 독립과 해방을 위하여 싸우는 우리 조선에게 당신께서 배려를 베풀어 주시어 각 방면으로 원조를 하여 주시는 데 대하여 조선노동당을 대표해 충심으로 감사를 드립니다.", "미국 침략자들을 반대하는 우리 인민의 해방전쟁에 대

---

35) 발견 시 차 본네트에서 엔진 열이 감지되었다는 증언에 비추어볼 때, 김일성이 차를 버리고 도주한지 얼마 되지 않았음을 짐작할 수 있다. 이 자동차는 그 후, 6.25에 참전하였다가 교통사고로 사망한 미8군 사령관 월튼 해리스 워커(Walton Harris Walker) 장군의 아내에게 선물로 주어졌다가 1982년에 한국으로 반환되었고, 현재 용산 전쟁기념관에 전시되어 있다.

해 당신에게 말씀을 드리려 합니다. 미국 침략군이 인천에 상륙하기 전에는 우리의 형편이 좋지 않았다고 볼 수 없었습니다. (하지만 9월 16일 인천상륙작전 이후) 전쟁 상황은 참으로 엄중합니다. 전선에는 우리에게 참으로 불리한 조건이 있다는 것을 말씀드리려 합니다.", "적은 약 1,000대의 각종 항공기로 매일 주야를 구분하지 않고 전선과 후방 할 것 없이 마음대로 폭격전을 감행하고 있습니다. 후방에서 적의 항공기들은 교통, 운수, 통신 등과 기타 시설들을 마음대로 타격하며 적들의 기동력이 최대로 발휘되는 반면에 우리 인민군 부대들의 기동력은 약화, 마비되고 있습니다", "친해하는 모택동 동지시여, 적들이 금일 우리가 처하여 있는 엄중하고 위급한 형편을 이용해 우리에게 시간 여유를 주지 않고 계속 진군하여 38도선을 침공하면 우리 자체의 힘으로서는 이 위기를 극복할 가능성이 없습니다.", "그러므로 우리는 당신의 특별한 원조를 요구하지 않을 수 없게 됩니다. 즉, 적군이 38도선 이북을 침공하게 될 때에는 약속한 바와 같이 중국 인민들의 직접 출동이 절대로 필요하게 됩니다."

이에 모택동은 10월 8일 김일성에게 파병 결정 사실을 통보하는 전보를 보내었다. "현재 정세를 근거로 나는 지원군을 조선에 파견해 침략자 반대를 돕기로 결정했다", "팽덕회(彭德懷) 동지가 중국인민지원군의 사령관 겸 정치위원을 맡는다." 모택동은 "입술이 없으면 이가 시리다(순망치한 脣亡齒寒)."는 말처럼 북한이 멸망하면 중국이 위태로워진다고 판단하여, 중국인민지원군(人民志願軍)[36] 30여만 명을 파병하였다.

장진호에서의 악전고투, 흥남철수

북한 지역 깊숙이 진격해 들어갔던 국군과 유엔군은 10월19일부터 투입된 중공군의 포위 공격을 받아 악전고투에 시달렸다. 1950년 12월25일까지 전쟁을 종결하기 위해 일명 "크

---

36) 지원군(志願軍)은 인민 스스로의 의지와 소원에 따라 참전한 군대라는 의미로서, 지지하여 돕는 군대를 의미하는 지원군(支援軍)과 구별된다.

리스마스 대공세"를 펼쳤던 맥아더의 구상은 좌절되었다. 함경남도 장진호(張津湖)로 진출했던 미 해병 제1사단은 중공군 7개 사단의 포위 공격을 받았다. 11월27일부터 12월11일까지 약 15일간 영하 20~30도의 혹한 속에서 치러진 장진호 전투에서 미군은 3천여 명의 전사자가 발생하며 최악의 피해를 입었다.

북진이 어려워진 유엔군은 12월15일부터 26일까지 흥남에서 철수작전을 전개하였고 이때 북한 주민 10만 여명도 유엔군과 함께 탈출하였다. 당시 메러디스 빅토리(Meredith Victory)호의 레너드 라루(Leonard LaRue) 선장은 배에 실린 무기를 모두 내리고 피난민 1만 4천여 명을 태워서 남쪽으로 철수함으로써, 메러디스 빅토리호는 역사상 가장 많은 인명을 구조한 배로 기네스북에 등재되었다.

1951년 1.4 후퇴로 서울을 중공군에 내주었다. 중공군은 경기도 평택까지 밀고 내려왔으나, 다시 유엔군이 반격하였다. 유엔군은 1951년 3월15일 중공군으로부터 서울을 탈환하였고, 3월말에는 38선을 회복하였다. 양측이 밀고 밀리는 과정을 되풀이하는 가운데, 전선은 교착상태에 빠졌다.

정전회담과 반공포로석방, 한미상호방위조약 체결

전쟁이 장기화되어 극도의 피로감을 느낀 자유 진영과 공산 진영 양측은 휴전을 모색하여 1953년 3월 정전(停戰)회담이 열렸다. 그러나 국내에서는 휴전 반대의 여론이 뜨거웠다. 이승만 대통령 역시 북진 통일의 기회가 무산된다는 것을 명분으로 삼아 휴전에 반대하였다. 그는 정전회담에서 한국군 대표를 철수시켰다. 이승만 대통령의 진심은 맹목적으로 북진통일을 위해 전쟁을 지속하려 한 것이라기보다, 안전 보장 없는 휴전을 반대한 것이었다. 휴전 후 미군이 철수하면 한국은 다시 공산 세력의 침략 위험에 놓일 수 있기 때문이다.

결국 이승만 대통령은 미국 측에 한미상호방위조약을 체결해 줄 것을 요청하였으나 미국 측의 태도는 매우 소극적이었다. 이에 대해 이승만 대통령은 1953년 6월18일 거제도를 비롯하여 부산, 광주, 마산, 대구, 영천, 논산, 부평 등의 포로수용소에 갇혀 있었던 2만7천여 명의 반공 포로들을 석방하는 초강수를 두었다. 이승만 대통령의 벼랑 끝 전술에 아이젠하워 미국대통령, 윈스턴 처칠 영국 총리, 마크 클라크 유엔군 사령관 모두 경악하지 않을 수 없었다. 유엔군과 공산군 사이에 휴전을 위해 포로 송환을 논의하고 있던 시점에 발생한 반공포로 석방은 공산군 측의 반발을 불러와 유엔군 측에 커다란 부담으로 작용할 것이 뻔하였기 때문이다.

이승만 대통령은 한미상호방위조약 체결에 대한 약속을 해주지 않으면 단독으로 북진을 계속하겠다고 미국 측을 압박하는 한편, 한반도의 전략적 중요성을 강조하며 그들을 설득해 나아갔다. 결국 미국은 조약을 맺는 조건으로, 한국 측이 정전협정에 반대하지 말 것을 요구하였고, 1953년 7월27일 유엔군 총사령관 마크 클라크와 북한군 최고 사령관 김일성, 중국 인민지원군 사령관 팽덕회(彭德懷) 간에 정전협정이 체결되었다.

이후 한미 간 협상 끝에 1953년 8월 8일 서울에서 변영태 외무장관과 덜레스 미국 국무장관 사이에 한미상호방위조약이 가조인되었고, 10월 1일 워싱턴에서 정식 조인되었으며 이듬해인 1954년 11월 18일 발효되었다. 이에 따라 한반도에서 북한의 무력 공격이 발생할 경우 한미 양국이 협의하여 공동 대응할 수 있게 되었다.

6.25전쟁 시 물적, 인적 피해에 대한 통계에 따르면, 국군 전사자 및 부상자, 실종자가 62만 명, 민간인 사망, 부상, 실종자가 99여만 명이었고, 1천만여 명의 이산가족이 발생하였다. 유엔군 사상자 및 실종자는 15만 명에 달하였고, 북한군의 사상자 및 실종자는 64만 명, 중공군 사상자 및 실종자는 97만 명에 달하였다.

대약진운동과 문화대혁명

대약진운동과 문화대혁명

토법고로와 제사해운동

1958년에 시작된 대약진운동은 대규모 노동력을 투입해 중공업과 농업을 비약적으로 발전시켜 15년 안에 영국과 미국을 추월하겠다는 목표를 내세운 정책이었다. 국가주석 모택동은 집단농장 인민공사(人民公社)를 창설하였고, 노동력을 집중하여 철강 산업의 육성을 독려하였다. 당시 중국에서는 강철을 생산하기 위해 마을마다 토법고로(土法高爐)라고 불리는 소형 용광로를 설치하여 대형 제철공장을 대신하였다.

국가로부터 지시를 받아 강철 생산을 담당하였던 농민들은 석탄, 나무, 관짝 등 연료로 쓸 수 있는 모든 것을 용광로에 쏟아 부었고, 그것도 부족하여 숲에 투입되어 나무를 벌목하였다. 이에 따라 약 2년 만에 전국의 수많은 산이 민둥산으로 변하였고 삼림의 파괴는 홍수와 산사태로 이어졌다. 또한 철광석을 얻을 수 없었던 농민들은 냄비, 프라이팬, 수저, 자전거, 양철지붕, 수입 농기구 등 강철의 완제품을 용광로에 투입하여 조악한 품질의 "강철"을 생산하였다. 이렇게 생산된 강철의 품질은 조악하기 짝이 없었으며 불량 강철은 불량 농기구, 불량 세숫대야 등으로 재탄생하였다.

이 밖에 대약진운동 기간 중 해로운 네 가지의 생물을 제거하자는 제사해(除四害)운동이 벌어졌다. "12년 내에 파리, 모기, 쥐, 참새를 소멸시켜야 한다."는 목표 하에 진행된 제사해운동에 참새가 포함된 이유는 모택동의 즉흥적인 결정에 의한 것이었다. 1955년 한 농민이 참새가 곡식을 쪼아 먹어 농사를 망친다는 탄원서를 제출하자 이를 읽은 모택동이 참새를 가리켜 "저 새는 해로운 새"라고 규정하였다. 그 후 전국의 남녀노소가 동원되어 참새 사냥에 나섰다. 사람들은 참새가 앉아 있는 나무 아래로 몰려가 징을 치고 폭죽을 터뜨렸으며, 몽둥이, 새총, 장대 등을 이용하여 단시간에 약 2억 마리의 참새를 죽였다.

대규모 참새 사냥이 진행된 결과, 천적이 없어진 메뚜기 떼와 해충이 창궐하여 농업은 큰 타격을 입었다. 남경(南京)의 경작지 60%가 벌레로 인해 황폐화되어 심각한 야채 부족 현상이 야기되었고 절강성(浙江省)에서는 50~75만 톤의 곡물을 벌레들이 먹어 치웠다. 참새가 곡식만 먹는 것이 아니라 대량의 해충도 잡아먹는다는 사실을 비로소 깨달은 중국공산당 지도부에서는 1960년에 이르러 "4해(害)"에서 참새를 빼고 빈대를 포함시켰다. 중국은 급히 소련에서 참새 100여만 마리를 수입하여 해충을 억제하고자 하였으나 농업은 이미 심각하게 타격을 입은 상태였다.

인민공사를 통하여 모든 생산수단을 공동으로 소유하고 이익을 공유하였기에 농민의 생산 의욕이 저하되었고 자연재해까지 겹쳐 농업생산성은 갈수록 하향곡선을 그렸다. 급기야 수천만 명의 아사자가 발생하는 가운데 농촌 경제는 파탄 상태가 되었다. 중화학공업 역시 기술 개발을 등한시한 채 노동력 집중만으로 발전시키려고 했기 때문에 커다란 실패를 맛보아야 했다. 대약진운동은 중국을 발전시키기는커녕, 경제와 환경에 심각한 타격을 주며 총체적 실패로 막을 내렸다.

모택동의 국가주석직 사임

국방부장 팽덕회(彭德懷)와 중국공산당 중앙위원회 부주석 유소기(劉少奇)는 앞장서서 대약진운동의 오류를 비판하였다. 팽덕회는 1959년 강서성(江西省) 여산(廬山)에서 열린 중국공산당 정치국 회의에서 모택동의 삼면홍기(三面紅旗) 정책을 비판하였다. 삼면홍기란, 사회주의 국가 건설을 촉구하는 3개의 붉은 깃발, 즉, 이념적 슬로건으로서 사회주의 건설을 위한 총 노선 및 대약진운동과 인민공사를 의미한다. 팽덕회는, 빠르게 사회주의 경제 건설을 달성하자는 총 노선은 옳지만, 대약진운동과 인민공사에는 오류가 있다고 지적하였다. 모택동의 고향 후배인 유소기의 비판은 더욱 직접적이었다. 그는 "현재 중국 인민들은 먹을 것, 입을 것이 부족하다. 농업 생산은 위축되어 왔고, 공업 생산도 40%나 줄어들었다. 최근 2~3년간 대약진운동을 진행하였지만, 약진한 것은 없고 퇴보만 계속하고 있다."고 말하였다.

1959년 중국공산당 중앙위원회에서는 당(黨), 정(政), 군(軍)의 최고지도자였던 모택동의 국가주석 사퇴를 결정하였다. 그러나 모택동은 여전히 중국공산당 중앙위원회 주석과 중앙군사위원회 주석은 유지하였다.[37] 그는 대외적으로 국가를 대표하는 상징적인 역할을 하는 국가주석 자리만을 내려놓은 것일 뿐 당에 대한 장악력은 여전하였다. 더구나 모택동은 "권력은 총구에서 나온다(槍杆裏面出政權)."고 믿고 있었기에 군 통수권은 절대 포기할 수 없었다.

"주자파와 수정주의자를 타도하라"

유소기는 모택동의 뒤를 이어 국가주석에 올라 등소평과 함께 실용주의 정책을 펼치기 시작하였다. 이에 따라 국가 경제가 서서히 회복되었고 인민들로부터 호평을 받게 되었다. 모택동과 그의 일파는 국가주석직 사퇴로 인해 추락한 권위를 회복하고 권력을 공고히 유지하기 위해 모택동의 정책을 비판한 자들을, 자본주의의 길을 걷는다는 의미의 '주자파(走資派)' 혹은 사회주의 노선을 변경하는 '수정주의자'로 몰아가고자 했다.

반대파를 주자파 혹은 수정주의자로 매도하는 공작은 문예계에 대한 공격으로부터 시작되었다. 1959년 북경의 부시장이었던 오함(吳晗)은 역사학자로서의 지식을 바탕으로 희곡 작품 『해서파관(海瑞罷官)』을 발표하였다. 명나라의 청백리 해서(海瑞)가 폭군 가정제(嘉靖帝)에게 "독단적이고 충언을 받아들이지 않는다."며 비판을 하다가 파직을 당한다는 내용이다. 모택동은 당초 이 작품을 높이 평가하며 "당원들은 해서를 본받아야 한다."고 말하기도 하였다.

37) 중국군 지휘권은 중국공산당 중앙군사위원회에 있으며 국방부에서는 국방행정 등에 관한 업무를 처리한다.

그러나 모택동의 부인 강청(江青)은 악의적인 정치 공작을 기획하였다. 그녀의 지시를 받은 작가 요문원(姚文元)은 1965년 11월10일 『문회보(文匯報)』에 「새로운 역사극 해서파관을 평함(評新編歷史劇海瑞罷官)」을 발표하였다. 그는 이 문장에서 "해서는 팽덕회를 의미하며, 가정제는 모택동을 의미한다. 문예계가 일부 반(反)공산주의 불순 세력의 음모에 의해 지배되고 있다"고 주장하였다. 이에 따라 국방부장 팽덕회는 실각하였고 후임 국방부장 임표(林彪)는 강청 일파의 주장에 적극 동조하였다.

홍위병의 "조반유리"

그 후 전국 중고등학교와 대학교에 공산당과 모택동을 지키자는 홍위병(紅衛兵) 조직이 급속도로 생겼다. 모택동 및 강청 일파가 언론을 통해 선동한 결과라고 볼 수 있다. 홍위병들은 "당(黨), 정(政), 군(軍)에 잠입해 있는 자산계급 반동 분자들을 색출하여 숙청하라", "낡은 문화와 사상을 척결하라"는 등의 구호를 맹목적으로 외치며 파괴와 약탈, 폭력, 살인 등의 범죄 행위를 거리낌 없이 자행하였다. 극단적 폭력과 광기 속에 수많은 지식인과 정치인, 무고한 시민들이 감금되고 살해되거나, 모욕을 견디지 못하고 자살하였다. 절, 사당, 성당 등 종교 기관 역시 파괴와 약탈의 대상이었다. 1966년 8월과 9월 두 달간 북경에서 홍위병에게 살해당한 인원은 1,772명이었고, 상해에서는 704명이 자살하고 534명이 살해되었다. 무한(武漢)에서도 62명이 자살하고 32명이 살해되었다.

1966년 8월 모택동이 홍위병들의 북경 방문을 권장한 이후 약 1,100만 명에 달하는 홍위병들이 북경을 방문하였는데, 홍위병 우선 수송 방침으로 인하여 철도망이 마비되기에 이르렀다. 천안문 망루에 오른 모택동은, 감격에 겨워 "모 주석 만세"를 외치는 홍위병들을 향해 일장 연설을 하며 격려하였고, 국가 재정으로 이들에게 숙식을 제공하였다. 당시 『모택동어록(毛澤東語錄)』은 누구나 반드시 휴대해야만 하였으며 전(全) 인민의 성서로 우상화되었기에, 1967년까지 약 3억 5천만 부가 인쇄되었다.

모택동 일파는 대약진운동의 실패로 비난 여론이 형성되어 국가주석 직을 내려놓는 등

정치적인 위기에 빠지게 되자, 철없는 청소년들을 선동하여 권력 회복을 시도하였고, 이에 고무된 어린 홍위병들은 "조반유리(造反有理 모든 저항과 반란에는 정당한 도리가 있다)"라는 구호를 맹목적으로 외치며 무소불위의 악행을 저질렀던 것이다.

문화대혁명의 피해자들

1966년 10월 10일에는 국방부장 임표(林彪)가 유소기와 등소평을 주자파라며 맹비난하였다. 이후 등소평은 1969년부터 1973년까지 강서성(江西省) 남창(南昌) 신건현(新建縣)으로 쫓겨나 트랙터 엔진 공장에서 노동을 해야 했다. 1966년 12월 22일에는 사천성(四川省) 성도(成都)에 있었던 팽덕회가 강청의 명령에 따라 파견되어 온 홍위병들에게 붙잡혀 북경으로 압송되었다. 그는 북경의 한 병영에 갇힌 채 비판을 받고 주먹질과 발길질을 당하여 갈비뼈가 부러졌다. 1967년 7월 북경항공학원(北京航空學院)에서 조사를 받을 때에는 모택동의 아들 모안영을 6.25전쟁 때 북한에서 죽인 죄를 실토하라는 강압적인 요구를 받았다.[38] 팽덕회가 이를 부정하자, 이른바 "홍위병 5대 지도자" 중 한 명인 한애정(韓愛晶)[39]과 그를 따르는 무리들은 팽덕회를 잔혹하게 폭행하여 혼절하게 하였다. 팽덕회는 그 후로도 8년 간 홍위병들의 비판 투쟁(批鬪)에 시달린 끝에 결국 암에 걸려 1974년 11월 29일 사망하게 되었다.

문화대혁명의 또 다른 희생자는 국가주석 유소기와 그의 아내 왕광미(王光美)였다. 1966년 12월 18일 홍위병들은 유소기와 그의 아내 왕광미를 구타하고 고문했다. 1967년 1월 유소기는 정치 일선에서 물러나겠으니 시골에 내려가 농사를 지으며 살게 해달라고 당에 간

38) 팽덕회는 모택동의 대약진운동에 대하여 비판한 것 이외에, 모택동과 개인적인 악연도 있다. 모택동의 큰 아들 모안영(毛岸英 1922-1950)은 한국전쟁 당시 중공군 총사령관 팽덕회의 러시아어 통역관으로 참전하였다가 1950년 11월 25일 평안북도 동창군에서 미군의 네이팜탄 폭격으로 사망하였다.

39) 홍위병 5대 지도자는 북경 내 다섯 개 대학의 강사 및 학생들이었다. 북경대학 경제학과 강사 섭원재(聶元梓) 및 북경 지역 4개 학교의 학생, 즉, 북경항공학원(北京航空學院)의 한애정(韓愛晶), 청화대학(清華大學)의 괴대부(蒯大富), 북경사범대학(北京師範大學)의 담후란(譚厚蘭), 북경지질학원(北京地質學院)의 왕대빈(王大賓)이 그들이다.

청하였으나 받아들여지지 않았다. 1968년 10월 31일 국가주석 직에서 축출되고 당에서 제명된 그는 1969년 10월 중순 하남(河南)성 개봉(開封)으로 이송되어 병에 걸린 채 홀로 방치되었다가 1969년 11월 12일 사망하였다.

유소기의 아내 왕광미는 보인(輔仁)대학(현, 북경사범대학 北京師範大學) 물리학 석사 출신으로 북경 지역 "수학 삼왕(三王)" 중 한 명으로 손꼽혔을 만큼 총명하였다. 또한 영어에도 능통하였고 미모를 갖추어 중국의 퍼스트레이디로서 명성이 높았다. 강청이 이러한 왕광미를 몹시도 질투한 끝에 그녀의 인생을 불행의 늪으로 빠뜨렸다는 것은 널리 알려진 이야기이다. 일례로, 1963년 유소기와 왕광미의 동남아 순방 시 강청은 왕광미에게 검은 색 옷을 입고 갈 것을 요구하였는데, 왕광미는 이 말을 귀담아 듣지 않고 보란 듯이 흰색 치파오(旗袍)를 입고 갔다. 그녀는 동남아 현지에서 끊임없이 아름답다는 찬사를 들으며 이른바 "치파오 외교"를 성공적으로 수행하였다. 이에 대해 어린 시절 가정 환경과 교육 및 교양 수준, 외모 등 모든 면에서 왕광미에게 열등감을 가지고 있었던 강청[40]의 분노가 매우 컸으리라는 것은 짐작하기 어렵지 않다.

1967년 4월 10일, 청화대학에서는 왕광미에 대한 비판 투쟁이 열렸다. 이 집회에는 30만 명이 넘는 군중들이 운집하였다. 홍위병들은 왕광미에게 우스꽝스런 모자와 옷을 입히고 그녀의 목에 탁구공으로 만든 목걸이를 걸어놓고 조롱하였다. 그녀가 이처럼 군중들 앞에서 모욕을 당한 것은 시작에 불과하였다. 왕광미는 1967년 7월부터 1978년 12월까지 약 11년간 미국의 스파이라는 죄명으로, 북경 교외에 위치한 진성(秦城)감옥에 수감되었다. 그녀는 옥중에서 외부 소식을 쉽게 접할 수 없었기에 남편 유소기가 사망한 지 3년이나 지난 1972년에야 비로소 그 소식을 접하게 되었다. 유소기의 장남 유윤빈(劉允斌) 역시, 유소기의 아들이라는 죄 아닌 죄로 많은 비판과 박해를 당하다가 결국 1967년 11월에 철로에 누워 다가오는 열차를 피하지 않고 자살하였다. 왕광미는 출옥한 지 2년 후인 1980년에 하남성 개

40) 강청(江青 1914~1991)은 산동성(山東省) 제성(諸城) 출신으로, 어린 시절 알코올 중독자인 목수 아버지로부터 늘 폭행을 당하였고, 교육도 제대로 받지 못하였다. 그녀는 상해에서 배우로 활동한 적이 있으며 결혼에 2번 실패하였다. 늘 열등감에 시달리던 그녀는 공산주의의 평등사상을 쉽게 받아들였고, 급기야 1937년 중국공산당의 근거지였던 연안(延安)으로 가서 모택동을 만나 1938년 결혼하여 그의 4번째 부인이 되었다.

봉(開奉)으로 가서 남편 유소기의 유골함을 전달받을 수 있었다.

문화대혁명의 광풍은 손문(孫文)의 아내 송경령(宋慶齡) 조차 비켜가지 않았다. 그녀의 집은 마지막 황제 부의(溥儀)의 아버지인 제2대 순친왕(醇親王) 재풍(載灃)의 저택으로서 중공정부가 그녀에게 제공한 것인데, 홍위병들은 이곳을 공격의 대상으로 삼으려 하였다. 송경령은 손문의 뜻을 이어받아 용공(容共)의 신념을 버리지 않았고 중화인민공화국 수립 이후 대륙에 남아 국가부주석 까지 지내었지만, 홍위병들의 눈에는 장개석의 아내 송미령(宋美齡)의 언니인 그녀 역시 타도의 대상이었다. 다행히 총리 주은래(周恩來)가 송경령을 "보호받아야 할 간부 명단"에 포함시켜 모택동의 승인을 받았기에 송경령 본인은 홍위병들의 공격을 피할 수 있었다. 그러나 상해 만국공원(萬國公園)에 위치하였던 송경령 부모의 묘는 홍위병들에게 파헤쳐져 시신이 드러났고, 묘비 역시 훼손되었다.

문인들 역시 인권 유린의 대상이었다. 로사(老舍 1899~1966)는 소설『낙타상자(駱駝祥子)』,『차관(茶館)』,『사세동당(四世同堂)』 등의 작품을 발표하여 한 때 "인민예술가"라는 찬사를 받았으나 런던대학교 교수 경력 탓에 반동으로 몰렸다. 로사는 1966년 8월23일 "반동 문인(反動文人)"이라고 적힌 팻말이 목에 걸린 채 무자비한 폭행을 당하다가 이에 항의했다는 이유로 "현행 반혁명분자"의 죄가 추가되었다. 그는 또다시 여중생 홍위병들에게 놋쇠 버클이 달린 허리띠로 등에서 피가 흐르도록 수없이 구타당하였다. 그는 이튿날 극심한 절망감과 분노에 휩싸여 북경의 태평호(太平湖)를 바라보며 여러 시간 앉아 있다가 결국 호수에 투신자살하였다.

문화대혁명의 종결과 사인방의 말로

광기어린 문화대혁명은 1976년 9월 9일 모택동이 사망한 후 막을 내리게 되었다. 문화대혁명의 선봉에 서서 중국공산당 선전부와 언론을 장악하고, 홍위병을 선동하여 공산당 주류 정치인들을 과도하게 공격하였던 강청(江青), 왕홍문(王洪文), 장춘교(張春橋), 요문원(姚文元) 등 이른바 4인방(四人幇)[41]은 문화대혁명 종료 후 국가 권력의 기반을 흔들고 쿠데타를 시도하였다는 혐의로 체포되었다.

모택동은 사망 전 국무원 부총리 화국봉(華國鋒, 1921~2008)[42]에게 "당신이 일을 해주면 내가 안심을 할 수 있겠다(你辦事, 我放心.)."고 말하며 그를 후계자로 지명하였다고 알려져 있다. 4인방은 모택동이 신뢰하였던 화국봉을 크게 두려워하지 않았지만, 화국봉은 의외로 모택동 사망 후 지지 세력이 사라진 4인방을 전격 체포하였던 것이다.

강청은 1981년 사형 선고를 받고 진성감옥에서 복역하던 중 후두암과 식도암에 걸렸다. 그녀는 1984년 중국 정부의 배려로 비밀리에 감옥을 나와 딸의 집에서 치료를 받았다. 그러나 1989년 초 중국에서 민주화운동이 진행되던 무렵, 한 잡지가 강청의 병보석 사실을 폭로하면서 여론이 나빠지자 그해 3월 재차 투옥되었다. 병세가 악화된 그녀는 1990년 다시 딸의 집으로 보내졌지만, 절망에 빠진 강청은 1991년 5월14일 목을 매어 자살하였다. 그녀가 작성한 20매 분량의 유서는 등소평(鄧小平) 등 중국 개혁파 지도자들에 대한 비난으로 가득하였다.

4인방 중 나머지 3인 역시 강청과 마찬가지로 오랜 수감 생활을 하였고 모두 병으로 사망하였다. 왕홍문(王洪文)은 무기징역을 선고받고 진성감옥에서 복역하던 중 간질환으로 사망하였다. 장춘교(張春橋)는 1981년 사형 선고를 받았지만 1998년 가석방되었고 2005년 상해에서 암으로 사망하였다. 요문원(姚文元)은 1981년 징역 20년 형을 선고 받고 진성감옥에서 복역하였다. 그는 출옥 후인 2005년 당뇨병으로 사망하였다.

문화대혁명 시절, 문혁의 폭력성과 모택동에 대하여 비판을 할 경우 가족 간에도 고발이 이루어지고 살육이 자행되었기에 사람 간의 신뢰 관계가 철저히 붕괴되었다. 인재가 말살되고, 교육 수준이 하락되어 전국의 문맹률이 40%로 상승하였으며, 전통 문화 및 역사 유물이 상당 부분 파괴되었다. 이러한 사회적 환경 속에서 경제가 침체되었음은 말할

41) 왕홍문(王洪文 1935-1992)은 길림성(吉林省) 장춘(長春)의 빈농 집안 출신으로 한국 전쟁에 참전하였고 중국공산당 중앙위원회 부주석을 역임하였다. 장춘교(張春橋 1917-2005)는 산동성 하택(菏澤) 출신이며, 문학평론가로 활동하였고, 국무원 부총리를 역임하였다. 요문원(姚文元 1931~2005)은 절강성(浙江省) 소흥(紹興) 출신이다. 그는 문학평론가로서 중국공산당 정치국 위원을 지냈다.

42) 화국봉(華國鋒)의 본명은 소주(蘇鑄)이다. 그는 1930년대 말 중일전쟁이 발발하자 구국의 선봉대가 되겠다는 다짐 하에 개명하였다. 중화구국선봉대(中華救國先鋒隊)에서 화국봉 세 글자를 취한 것이다.

것도 없다. 문화대혁명의 주요 책임은 강청이 중심이 된 4인방에게 있으며 모택동은 주로 이들에게 이용당하였다는 것이 중국 정부의 공식적인 입장이다. 중국공산당 내부에서 모택동을 직접 비판할 경우 공산당 집권의 정당성을 부정해버리는 결과가 초래될 수도 있기 때문이다.

개혁개방과 경제발전

개혁개방과 경제발전

제1차 천안문사건

1973년, 주은래(周恩來)의 건의로 모택동은 등소평(鄧小平)의 정계 복귀를 허락하였다. 이후 등소평은 국무원 부총리로서 정부 행정을 총괄하게 되었다. 모택동의 권력을 계승하려 했던 4인방은 등소평을 경계하였지만, 오랜 이념 투쟁에 지친 민중들은 등소평의 실용주의적 경제 정책을 지지하였다.

한편, 1976년 1월 8일 주은래가 암으로 사망하자 화국봉(華國鋒)이 주은래의 뒤를 이어 총리로 등장하였다. 화국봉은 1959년 모택동에게 발탁되어 호남성(湖南省) 부성장이 된 이후 모택동의 신임 속에 안정적으로 성장해온 인물이다. 그런데 주은래 사망 후 첫 청명절(淸明節 1976년 4월4일~5일 무렵)에 북경 천안문광장(天安門廣場)에 주은래를 추모하는 인파가 운집하여 4인방 축출 요구하고 모택동을 비판하는 시위를 벌였다. 이것이 제1차 천안문사태이다.

4인방은 총리 화국봉을 압박하여 군중들을 강경 진압하였고, 이 집회를 "반혁명 폭동"으로 규정하며 등소평을 배후 조종자로 지목하였다. 이로 인해 등소평은 또다시 직위 해제되어 가택 연금 생활을 하게 되었고, 4인방이 실권을 장악한 듯 보였다. 그러나 1976년 9월 9일 모택동이 사망하자, 화국봉은 사실상 지지 세력이 없었던 4인방을 전격 체포하였고, 이로써 문화대혁명은 막을 내렸다.

"실사구시론"이 "두 개의 범시(凡是)론" 압도

화국봉은 1977년 2월 이른바 "두개의 범시론(兩個凡是論)"을 제기하였다. "범시(凡是)"란, 대체로 또는 무릇이라는 의미를 가진 말이다. "무릇 모 주석이 결정한 정책은 우리가 굳건히 옹호해야 하며(凡是毛主席作出的決策, 我們都必須擁護)", "대체로 헤아려 생각하건대, 모주석의 지시는 시종 변함없이 따라야 한다(凡是毛主席的指示, 我們要始終不渝地遵循)."는 것이 그의 주장이었다. 반면, 등소평은 1978년 5월11일 "실천만이 진리를 검증하는 유일한 기준(實踐是檢驗眞理的唯一標準)"이라고 발언하였다. 모택동은 대체로 옳지만, 그 중에 현실에 부합하는 것을 받아들여야 하며, 어떠한 이론과 사상도 절대화, 교조화(敎條化)되어서는 안된다는 의미이다.

1978년 12월 제11기 중국공산당전국대표대회(中國共産黨全國代表大會)[43] 제3차 중앙위원회 전체회의(11屆三中全會)[44]에서 등소평의, "진리는 사실 속에서 찾아야 한다"는 의미의 실사구사론(實事求是論)은 문화대혁명 기간 박해를 받았던 원로 정치인들의 지지를 받아 당의 방침으로 확정되었다. 이에 따라 당 사업의 중심은 계급투쟁이 아닌 농업, 공업, 국방, 과학기술 등 4개 부문의 현대화 건설로 바뀌었다. 또한 11기 3중전회를 통해 문화대혁명의 소용돌이

43) 중국공산당의 최고 의사결정 기구인 중국공산당전국대표대회는 5년마다 한 차례 열리며, 이 대회에서는 주요 지도자와 대표들이 모여 중국 권력 구조와 정책 방향 및 전략을 결정한다. 중국공산당전국대표대회와 전국인민대표대회(全國人民代表大會)를 동일한 것으로 착각하는 경우가 있다. 전국인민대표대회의 약칭은 전인대(全人大) 혹은 인대(人大)인데, 우리나라의 국회에 해당되며, 명목상 · 형식상으로 중국의 최고 권력 기구이다. 여기에서는 헌법 개정, 헌법 집행 감독, 기본 법률 제정 및 개정, 국민경제와 사회 발전 계획 수립, 국가 예산과 결산의 심사 비준 등의 업무를 담당한다. 전인대는 매년 1회 개최된다. 전인대의 대표는 약 3,000명이며 임기는 5년이다. 22개의 성(省)과 자치구(自治區), 직할시(直轄市), 홍콩 마카오 특별행정구 및, 인민해방군에서 대표를 선출한다.

44) 중국공산당 중앙위원회는 중국공산당내 최고 권력 기구이자 의사 결정 기구이다. 중국공산당 중앙위원회 전체회의를 중전회(中全會)라고 하는데, 5년에 한번 씩 개최되는 중국공산당전국대표대회에서 모든 일을 처리하는 것이 불가하므로 중앙위원회 전체회의를 개최하여 당과 국가의 일을 결정한다. 중전회는 매년 최소 1차례 개최하며 여러 차례 개최하기도 한다. 11기 3중전회란 중국공산당 11차 전국대표대회와 12차 전국대표대회 사이에 열린 중공중앙위원회 전체회의 중 3차 회의를 가리킨다.

속에서 희생된 유소기(劉少奇) 등 많은 이들의 명예가 회복되고 복권이 결정되었다.

"검은 고양이든 흰 고양이든 쥐만 잘 잡으면 좋은 고양이"

실권을 잡은 등소평은 이른바 "흑묘백묘론(黑猫白猫論)"을 내세워 개혁개방 정책에 의한 강한 드라이브를 걸었다. "검은 고양이든 흰 고양이든 쥐만 잘 잡으면 그것이 바로 좋은 고양이"라는 것이다. 경제발전을 위해서는 자본주의적 요소를 도입하는 것도 마다하지 않겠다는 의미이다. 1980년도부터 중국은 외국 기업의 투자 활성화와 선진 기술 및 과학적 관리 방식을 도입하기 위하여 하문(厦門), 심천(深圳), 주해(珠海), 산두(汕頭), 그리고 해남도(海南島)에 경제특구를 설치하였다. 경제특구에 진입한 외자기업들에게는 소득세 감면, 자유로운 해외송금, 기업의 자율적인 고용 등의 혜택이 주어져 양호한 투자 환경 아래 사업을 할 수 있었다. 곧이어 1984년부터 천진(天津), 상해(上海), 대련(大連), 진황도(秦皇島), 연대(煙臺), 청도(靑島), 연운항(連運港), 남통(南通), 영파(寧波), 온주(溫州), 복주(福州), 광주(廣州), 담강(湛江), 북해(北海) 등 14개 도시가 연해개방도시(coastal open city)로 지정되어 외자 유치에 나서게 되었다.

농업 개혁도 실행되었다. 공동 생산, 공동 분배의 방식으로는 노동 능률의 저하와 생산량 감소를 방지할 방법이 없었기에, 이에 대한 해결책으로 가구를 단위로 한 새로운 농업생산책임제가 도입되었다. 안휘성(安徽省) 저주시(滁州市) 봉양현(鳳陽縣)에 속해있는 소강촌(小崗村)은 국가의 구제 기금과 대출, 마을 사람들의 구걸로 근근이 연명하던 작은 마을이었다. 소강촌은 1978년 가뭄이 들어 식량 사정이 더욱 악화되었다.

1978년 11월24일 18명의 마을 농민들은 마을내 한 초가집에 모여 농지를 가구별로 배분하여 경작하기로 결의한 후, 이 내용이 적힌 서약서에 모두 지장을 날인하였다. 그들은 "감옥에 가서 목이 잘려도, 전면적 도급제(都給制)[45]를 실시하자"고 맹세하였다. 마을 농민 중

45) 도급제란, 일을 한꺼번에 떠맡아서 자율적으로 수행하고 결과에 따라 보상받는 제도를 말한다.

한 사람인 엄준창(嚴俊昌)의 지도에 따라 모든 가구에서 노력을 기울인 결과, 다음해 소강촌의 농사는 대풍작을 이루어 예년의 4배가 넘는 작황을 보여주었고, 소강촌은 국가에서 빌린 대출금을 청산할 수 있었다. 그들은 중국 농촌 개혁의 신호탄을 쏘아올린 셈이었다.

소강촌의 사례는 안휘성 전체로 파급되었고, '가구별 생산량 연동 도급 책임제(家庭聯産承包責任制)'라는 이름으로 전국적으로 확산되었다. 이 제도는, 책임량 이상 농작물을 생산한 농가에 대해 분배량을 늘려 지급하거나 상을 주는 이른바 '포산도호(包産到戶)' 및, 국가에 바쳐야 할 책임량과 농업세를 제외한 잉여생산물을 개별 농가가 소유하거나 시장에서 거래할 수 있는 '포간도호(包幹到戶)'로 나눌 수 있다.

향진기업, 경제책임제, 개체호(個體戶)의 등장

이처럼 농업생산량이 증가하고 잉여 농산물의 판매가 이루어지자 농촌에 여유 자본이 형성되었고, 이 자본으로 향진(鄕鎭)[46]기업을 설립하여 농기구, 식품, 음료, 의복 등을 생산하는 곳이 증가하였다. 향진기업은 농촌의 소득향상 및 취업에 기여하였다.

또한 1981년부터 '경제책임제'가 실시되어 국가가 정한 생산량을 기업이 초과 달성할 경우, 초과 생산량에 대한 부분을 기업이 자율적으로 판매할 수 있게 되었다. "인력과 돈을 경제발전을 위해 적절히 활용해야 한다(錢要用起來, 人要用起來)."는 등소평의 말이 실천되는 가운데 기업과 노동자의 생산 의욕이 향상되고 생산량은 증가되었다.

개혁개방 후 민영기업도 생겨나기 시작하였으며[47], 국유기업에 대한 개혁도 진행되었다. 국유 기업이 생산력과 경쟁력이 낙후되어 있었고 종신고용으로 효율성이 악화되었기 때문이다. 이에 따라 많은 국유기업들이 종신 고용을 포기하게 되었다. 중국 정부에서는 1천여 개의 중점기업을 선정하여 집중 지원하였으며 기술혁신을 장려하였다. 종업원 7명 미만의

46) 중국의 행정단위는 규모의 크기에 따라 성(省), 시(市), 현(縣), 진(鎭), 향(鄕), 촌(村) 순으로 분류된다.

47) 최초의 민영기업은 상해의 애국건설공사(愛國建設公司)이다. 1979년 유정기(劉靖基) 등 상해의 상공업자와 해외의 뜻있는 인사 1천여 명이 5,700만 위안(약 100억 원)을 출연하여 창립하였다.

자영업자를 뜻하는 개체호(個體戶)도 출현하여 제조업, 판매업, 서비스업 등이 활성화되었다. 1978년 15만개였던 개체호는 1990년 670만개로 증가하였다. 개체호의 출현은 상산하향(上山下鄕)[48]에 참여하였다가 도시로 돌아온 후 지식과 기능 부족으로 실직상태에 있었던 '지식청년(知靑)'들의 활로 역할을 하였다.

개혁개방 후 중국에서 최초로 생겨난 개인 식당은 상해의 미미관(웨이메이관 味美館)이다. 26세의 "지식청년" 진귀근(陳貴根)은 1974년 농촌에서 상해로 돌아온 후 일자리가 없었는데, 1980년 지인들로부터 약 2,000위안을 빌려 냉장고, 테이블, 의자, 보온통, 선풍기를 마련하여 자신의 집에 테이블 4개와 의자 16개를 갖춘 7평 규모의 식당을 오픈할 수 있었다. 북경에서도 1980년 왕부정(왕푸징 王府井)에 테이블 4개 짜리 작은 식당 열빈식당(위에빈식당 悅賓飯館)이 생겨났다. 국영식당 몇 곳만 존재하던 시기에 개업한 이 식당들은 큰 인기를 끌었다. 위에빈식당은 현재 3대째 같은 곳에서 영업을 하고 있는데, 창업자인 곽배기(郭培基), 유계선(劉桂仙) 부부는 창업 동기에 대하여 "역경에 처하면 변화를 생각하고 생활 여건이 좋지 않으면 근면해야 한다(궁즉사변 窮卽思變, 차즉사근 差卽思勤)."이라고 대답하여 개체호의 생존 의지와 노력을 대변하였다.

비약적 경제성장 아래 숨겨진 어두운 그림자

중국은 개혁개방 정책으로 외국의 선진시스템과 기술 및 자본이 유입되어 경제가 비약적

---

48) 상산하향(上山下鄕) 운동은 문화대혁명 시기인 1968년부터 1975년 까지 모택동이 주도한 것으로, 도시 청년들을 농촌 및 산간 지역으로 내려 보내어 현지 체험을 하도록 권장하였던 정책이다. 이 정책의 목적은 노동을 통해 도시 청년들에게 혁명 정신과 노동 계급 의식을 심어주고 사회주의 이념을 강화하는 한편, 도시의 실업 문제를 완화하고 농촌과 산간으로 청년 인구를 분산시켜 그곳의 생산 활동을 지원하는 데 있었다. 그러나 상산하향 운동은 수많은 도시 청년들이 오랜 시간 외지에 머무르며 고된 생활을 경험하는 가운데 정규 교육과 학습의 기회를 박탈당하는 문제를 야기하였다. 그들은 문화대혁명이 종료되어 도시로 돌아온 후 개혁개방이 전개되는 새로운 시대에 잘 적응하지 못하였다. 당시 상산하향 운동에 참여하였던 이들을 "지식청년"이라고 불렀다.

으로 발전하고 국가경쟁력이 향상되었다. 2010년부터 국내총생산 기준으로 미국에 이어 세계 2위의 자리를 차지하고 있다. 2023년 중국의 국내총생산은 약 17조 7천억에 달한다. 1인당 GDP도 1980년 195달러였던 것이 2019년에는 10,276달러, 2023년에는 12,541달러로 상승하였다.

등소평은 "부자가 될 수 있는 사람들은 먼저 부자가 되라"는 선부론(先富論)을 주창하였다. 먼저 부자가 된 사람들이 가난한 사람들을 도와서 궁극적으로 모두가 잘사는 사회를 건설하자는 것이다. 그러나 개혁개방 이후 통화가 팽창하고 물가는 급상승하였으며 연해지역의 도시와 내륙의 농촌 간 경제적 격차는 심각한 수준으로 벌어졌다. 농촌은 개혁개방 이전 시기에 비해 끼니 문제가 해결된 것일 뿐, 여전히 치부(致富)와는 거리가 멀었다.

사회주의의 장점인 복지 혜택도 줄어들었으며 공산당 관료들은 자신들이 독점한 권력과 내부 정보를 이용해 부를 축적하였다. 부정부패가 만연하고 특권층이 양산되어 정치 민주화가 시급히 요구되기에 이르렀다. 1979년 북경의 청년 위경생(魏京生 1950~)은 "중국은 4개 현대화(공업, 농업, 과학기술, 국방) 이외에 다섯 번째 현대화, 즉 민주화가 필요하다."고 목소리를 높임으로써 징역 15년의 형벌을 받았다. 그는 1994년 가석방 후 재수감되었다가 1997년 병보석으로 석방된 후 미국 망명하여 인권상을 수상한 바 있다.

빈부격차의 심화와 사회적 부조리에 저항하는 목소리는 날로 높아졌고 학생 시위는 점점 격화되었다. 중국공산당 중앙위원회 총서기 호요방(胡耀邦)은 청년 학생들의 민주화 요구에 대해 관대한 입장이었으나 강경파에 밀려 실각하고 말았다. 호요방이 1989년 4월15일 심근경색으로 사망하자 그를 추모하는 학생들이 천안문광장에 운집하였다. 중앙미술대학(中央美術學院) 학생들은 자금성(紫禁城) 입구에 걸린 모택동 사진을 노려보는 모습의 "자유의 여신상"까지 만들어 세웠고, 단식 농성을 감행하는 학생들도 다수 눈에 띄었다. 북경의 일부 공안(公安)들과 법관들마저 학생들의 시위를 지지하는 모습을 보여주었다.

호요방 후임으로 중공중앙위원회 총서기 자리에 오른 조자양(趙紫陽)이 시위 학생들을 설득하여 해산하려 하였으나 실패하자 강경파 정치 인사들은 조자양의 미온적인 태도가 사태를 악화시켰다며 그에게 책임을 물어 가택 연금하였다. 마침내 중국공산당 지도부는 학생 시위에 대해 강경 진압의 칼을 빼어들었다.

6.4천안문사태와 남순강화

1989년 6월4일 시위대에 대한 군대의 무자비한 발포로 제2차 천안문사태로 불리는 유혈 사태가 발생하였다. 1989년 6월에서 7월 사이 시위 가담자 4만여 명이 체포되었고, 수천 명이 징역형을 언도 받았으며 수백 명이 사형에 처해졌다. 해외 망명자도 속출하였다.[49] 등소평은 천안문사태를 "반혁명 폭동"으로 규정하고, 민간인 희생자를 "폭도"라 비난한 반면, 진압 군인 및 경찰들의 노고를 치하하였다.

중국 정부에서는, 미하일 고르바초프 공산당 서기장 주도로 1985년부터 실시된 소련의 '페레스트로이카(개혁, 재건, 개편)'와 '글라스노스트(개방)'가 언론의 자유, 정치 민주화, 시장경제의 도입에 공헌하고, 군축 및 동서의 긴장 완화를 가져왔지만 소련의 붕괴를 초래하였다고 판단하였으므로 학생들의 민주화 시위를 더 이상 묵과할 수 없었던 것이다.

천안문 유혈 진압에 경악한 미국 및 서구권이 중국과의 모든 교류와 협력을 중단함에 따라 외국인 투자가 급감하고 국제사회에서 중국의 위상이 실추되었다. 이에 등소평은 1992년 경제특구를 순회하는 남순강화(南巡講話)를 단행하여 "중국은 개혁개방과 경제 발전에 더욱 힘써야 한다."고 역설하였다. 등소평은 개혁개방 정책을 환영하는 민중들을 이용하여 자신에게 유리한 여론을 형성함으로써 개혁개방 반대 세력인 사회주의 강경보수파를 압박하고 경제성장으로 정치적 위기를 극복하려 하였던 것이다.

여론은 등소평에게 우호적으로 되돌아왔고 급감하였던 외국 자본도 회귀하였다. 외국기업의 입장에서는 중국의 질 좋고 값싼 노동력을 포기할 수 없었고, "안정적인" 정치 환경

---

49) 유효파(류샤오뽀 劉曉波 1955-2017)는 북경사범대학(北京師範大學) 문학 박사로서 스위스, 미국 등지에서 중국 철학 및 문화에 대해 강의를 하고 있었다. 그는 천안문사태가 발발 하자 귀국하여 민주화운동에 동참하였고 사태 종료 후 징역 2년에 처하여 졌다. 그는 1996년 3년의 노동개조(勞改)형을 받았음에도『08헌장零八憲章』제정을 주도하여 2008년 12월 중국 반체제 인사 303명과 함께 세계인권의 날에 즈음하여『08헌장』을 발표하였다.『08헌장』에는 중국의 정치, 사회 체제 개혁과 중국 공산당 일당 독재 체제 종식, 삼권분립, 인권 개선 등의 요구가 포함되어 있다. 이 사건으로 그는 다시 징역 11년에 처해졌다. 2011년 그는 옥중에서 노벨평화상을 수상하였고, 2017년 간암으로 사망하였다.

역시 역설적이게도 매력으로 작용하였다. 그 후 중국은 매년 10% 이상의 경제 성장을 지속하였으며 경제 성장과 소비주의의 물결에 의해, 민주화의 요구는 빠르게 묻혀갔다. 사람들은 이제 피를 흘리는 정의대신 돈벌이가 가져다주는 부를 추구하게 되었다.

도광양회와 중국몽

등소평이 추진하기 시작하여 45년 이상 지속되고 있는 개혁개방 정책은 중국에 경제발전이라는 빛과 함께 황금만능주의의 만연, 빈부격차 및 인권 문제 등의 어두움을 동시에 가져다주었다. 등소평은 “발판을 튼튼히 하여 내부를 안정시켜야 하고(穩住陣脚), 침착하게 대응해야 하며(沉着應付), 우직함을 지키고(善于守拙), 절대 국제 사회의 리더가 되려고 하지 말아라(決不當頭). 열심히 노력하여 성취를 얻는 것이 중요하다(有所作爲)”고 역설하였다. 한 마디로 “도광양회(韜光養晦)”, 즉 재능을 감추고 보이지 않는 곳에서 꾸준히 실력을 키워야 함을 강조한 것이다.

중국의 성장은 이제 어디를 향하여 언제까지 지속될 것인가? 그들이 수십 년 동안 도광양회 속에 꿈꾸어온 중국몽(中國夢)은 과연 중국과 세계에 행운과 번영을 안겨줄 것인가 아니면 고난과 불행의 씨앗이 될 것인가? 저 드넓은 중국 대륙을 바라보노라면 미래에 대한 기대와 희망, 그리고 감출 수 없는 불안감이 동시에 교차한다.

II

중국어로 탐구하는 중국근현대사

제21화 서태후의 청말신정

第二十一话 慈禧太后的清末新政

义和团事件后，清朝按照《辛丑条约》，不仅向列强大幅让渡了国家主权与经济权益，还必须在未来39年内支付巨额赔款，致使国家深陷危机。清政府的无能引来了愈发高涨的舆论批评，朝廷内部也弥漫着对王朝即将覆灭的忧虑与恐慌。

尽管保守派在1898年镇压了戊戌变法，但由于内外压力，他们不得不进行全面的体制改革。1901年1月29日，慈禧太后以光绪帝的名义宣布了新的政治举措。这次改革持续至1911年，史称清末新政或光绪新政。因为慈禧太后全权掌控改革方向，这段时期也被称为慈禧新政。

在教育方面，1905年废除了已延续约1,500年的科举制度，转而推行西式学制。在此期间，清朝鼓励海外留学，前往日本留学的人数迅速增长，因为日本率先接受了西方文化，正在走上富国强兵的道路。

为改编旧式军队，清朝设立了练兵处和武备学堂，用以培养士兵和军官。然而，通过日本留学接触到新思想的知识分子和革新派的军人，逐渐对清政府产生批判态度，后来成为反清革命的核心力量。

此外，清朝在政治体制上放弃了绝对皇权，尝试实行立宪君主制。1908年8月，中国历史上首部宪法《钦定宪法大纲》正式颁布。尽管名义上确立了立宪君主制，但实际上设立的议会仅为形式，百姓的权利几乎没有实质改善，皇帝的权力也未受到实际限制。

단어풀이

朝廷	cháo tíng	조정
覆灭	fù miè	멸망
改编	gǎi biān	개편하다
改革	gǎi gé	개혁
革新	gé xīn	혁신
鼓励	gǔ lì	격려하다
皇权	huáng quán	황권
巨额	jù é	거액
举措	jǔ cuò	조치
科举制度	kē jǔ zhì dù	과거 제도
列强	liè qiáng	열강
立宪君主制	lìxi àn jūn zhǔ zhì	입헌군주제
弥漫	mí màn	퍼지다
民权主义	mín quán zhǔ yì	민권주의
民生主义	mín shēng zhǔ yì	민생주의
民族主义	mín zú zhǔ yì	민족주의
赔款	péi kuǎn	배상금
权益	quán yì	권익
让渡	ràng dù	양도하다
舆论	yú lùn	여론
议会	yì huì	의회

推行	tuī xíng	추진하다
镇压	zhèn yā	진압하다
指责	zhǐ zé	비난하다
光绪帝	Guāng Xù dì	광서제. 청나라의 제11대 황제
练兵处	liàn bīng chù	연병처. 청말 신식 군대 훈련을 위해 설치한 군사기관
钦定宪法大纲	qīn dìng xiàn fǎ dà gāng	흠정헌법대강. 청말 제정된 최초의 헌법. 입헌군주제 지향
辛丑条约	xīn chǒu tiáo yuē	신축조약. 1901년, 의화단사건 후 청나라와 열강 사이에 체결된 조약
兴中会	xīng zhōng huì	흥중회. 손문이 1894년 하와이에서 조직한 혁명 단체
义和团	yì hé tuán	의화단. 19세기 말, 서구 열강에 반대하여 무장투쟁을 전개한 민중 조직

제22화 손문의 혁명 활동과 삼민주의 사상

第二十二话 孙文的革命活动与三民主义思想

孙中山出生于广东省的一个农村家庭，13岁时前往夏威夷留学。在那里，他接触了基督教思想，并深入了解西方的政治制度。1883年回国后，孙中山进入香港的西医书院学习医学，1892年毕业后，曾在澳门和广州等地行医。然而，孙中山对政治改革的热情远远超过了医学，他怀抱着振兴中国的伟大志向。

1894年11月，孙中山再次前往夏威夷，在檀香山创立了革命组织兴中会，致力于推翻清朝，在中国建立民主共和国。1895年10月，孙中山在广州策动的起义失败，清政府随即将他列为叛乱分子，并发布了通缉令。

为躲避追捕，孙中山逃往英国伦敦，但在那里遭到清朝公使馆人员的绑架，被关押在公使馆内。情势危急时，孙中山向他在香港求学时的导师詹姆士·康德礼（JamesCantlie）牧师求助。康德礼牧师迅速将孙中山的处境传播给媒体和政界，最终在英国社会的强烈呼吁下，孙中山在被绑架12天后成功获释。此事件使他一跃成为国际知名的革命领袖。

孙中山的三民主义思想包括民族主义、民权主义和民生主义。其中，民生主义主张限制资本过度集中，推动平均分配土地，并推行“耕者有其田”；民族主义反对满清专制统治，并抵御外来侵略；民权主义则提倡推行民主政治，建立一个由人民当家作主的国家。

단어풀이

摆脱	bǎi tuō	벗어나다
绑架	bǎng jià	납치하다
传播	chuán bō	전파하다
撤退	chè tuì	철수하다
躲避	duǒ bì	피하다
分配	fēn pèi	분배하다
关押	guān yā	감금하다
耕者	gēng zhě	경작자
公使馆	gōng shǐ guǎn	공사관
改革	gǎi gé	개혁
获释	huò shì	석방되다
呼吁	hū yù	호소하다
民权	mín quán	민권
谋划	móu huà	모의하다
牧师	mù shī	목사
叛乱	pàn luàn	반란
情势	qíng shì	정세
侵略	qīn lüè	침략하다
深入	shēn rù	깊이 들어가다
推翻	tuī fān	전복하다
推行	tuī xíng	추진하다
通缉令	tōng jī lìng	지명 수배령
危急	wēi jí	위급하다

宣传	xuān chuán	선전하다
行医	xíng yī	진료하다
专制	zhuān zhì	전제정치
追捕	zhuī bǔ	추적하다
振兴	zhèn xīng	진흥하다
执行	zhí xíng	집행하다
孙中山	Sūn Zhōng shān	손문. 중화민국을 건립한 중국 혁명 지도자
西医书院	Xī yī shū yuàn	서의서원. 홍콩에 위치한 서양 의학 교육 기관
澳门	Ào mén	마카오
檀香山	Tán xiāng shān	하와이의 호놀룰루
詹姆士・康德礼	Zhān mǔ shì Kāng dé lǐ	제임스 캔들리. 영국의 의사 겸 목사

제23화 중국동맹회의 탄생

第二十三话 中国同盟会的诞生

孙中山认识到，要想革命成功，必须建立一个更为系统和统一的革命组织。于是，他将多个革命团体整合为一。当时，除他的兴中会外，还有黄兴、宋教仁等人领导的华兴会，以及蔡元培、章炳麟、秋瑾等人发起的光复会，这些都是具有重要影响力的革命组织。1905年8月20日，这些团体在日本东京正式合并，成立了统一的革命组织——中国同盟会，孙中山被推举为总理。

中国同盟会的纲领可以用16个字概括："驱除鞑虏，恢复中华，创立民国，平均地权"。这条纲领旨在推翻满族统治，复兴中华，建立民主共和国，并实现土地的公平分配。

中国同盟会成立后不久，发动了十余次武装起义，但均未取得显著成效。其中，1911年4月27日，在黄兴的指挥下于广州发起的黄花岗起义，由于清政府通过密探事先获悉计划，最终以失败告终。这次起义中牺牲的72位烈士被安葬在广州的黄花岗。

단어풀이

安葬	ān zàng	안장하다
创立	chuàng lì	창립하다
成立	chéng lì	설립하다
鞑虏	dá lǔ	만주족
地权	dì quán	토지권
光复	guāng fù	광복
概括	gài kuò	개괄하다
纲领	gāng lǐng	강령
黄花岗	huáng huā gāng	황화강
获悉	huò xī	알게 되다
恢复	huī fù	회복하다
合并	hé bìng	합병하다
计划	jì huà	계획
烈士	liè shì	열사
领导	lǐng dǎo	이끌다
密探	mì tàn	밀정
驱除	qū chú	제거하다
取得	qǔ dé	얻다
推翻	tuī fān	전복하다
推举	tuī jǔ	추천하다
统一	tǒng yī	통일하다
统治	tǒng zhì	통치하다
显著	xiǎn zhù	현저하다

系统	xì tǒng	시스템, 체계
整合	zhěng hé	통합하다
指挥	zhǐ huī	지휘하다
总理	zǒng lǐ	총리
蔡元培	Cài Yuán Péi	채원배(차이위안페이). 중국의 교육자이자 혁명가. 북경대학교 총장 역임
黄兴	Huáng Xīng	황흥(황싱). 중국의 혁명가. 흥중회와 중국동맹회 창립에 기여.
秋瑾	Qiū Jǐn	추근(추진). 중국의 여성 혁명가.
宋教仁	Sòng Jiào Rén	송교인(쑹자오런). 중국국민당 창립 멤버가
章炳麟	Zhāng Bǐng Lín	장병린(장빙린). 중국의 사상가이자 혁명가.

제24화 사천철도 지키기 운동

第二十四话 四川保路运动

革命的火种因“收回利权运动”再度被点燃。当时，许多中国人普遍认为，外国资本修建的铁路和工厂逐步控制了中国的经济命脉，掠夺了大量财富。因此，一些爱国的地主、工商业者以及富有的华侨发起了以民族资本建设铁路和工厂的运动。

然而，英国、美国、德国和法国等四国要求清政府将铁路收归国有。1911年，清政府宣布将民营铁路国有化，并从这四国借取外债以推动铁路建设。同时，清政府宣布，将向已投资民营铁路的投资者发放债券，并在铁路盈利后偿还。

政府随意剥夺了投资者的利益，铁路的经营权和修筑权面临被转让给外国的风险。对此，四川成都的民间团体成立了四川保路同志会，展开了激烈的游行示威。他们还通过拒绝纳税和罢课等手段表达对政府政策的强烈不满。

四川总督赵尔丰起初支持保路运动，但在确认清政府对铁路国有化政策态度坚决后，他的立场发生转变，开始积极镇压保路运动。他宣布戒严，并下令军队向示威者开火，造成20余人死亡，史称“成都血案”。

단어풀이

罢课	bà kè	동맹 휴학
剥夺	bō duó	박탈하다
偿还	cháng huán	상환하다
点燃	diǎn rán	불을 붙이다
工商业者	gōng shāng yè zhě	공상업자
华侨	huá qiáo	화교
火种	huǒ zhǒng	불씨
戒严	jiè yán	계엄령
拒绝	jù jué	거절하다
开火	kāi huǒ	발포하다
利权	lì quán	이권
掠夺	lüè duó	약탈하다
民营	mín yíng	민영
纳税	nà shuì	세금을 내다
示威	shì wēi	시위하다
收回	shōu huí	되찾다
推动	tuī dòng	추진하다
投资	tóu zī	투자하다
外债	wài zhài	외채
下令	xià lìng	명령을 내리다
血案	xuè àn	학살 사건
盈利	yíng lì	수익을 내다
游行	yóu xíng	행진하다

转变	zhuǎn biàn	변화하다
转让	zhuǎn ràng	양도하다
债券	zhài quàn	채권
再度	zài dù	다시
总督	zǒng dū	총독
收回利权运动	Shōu huí lì quán yùn dòng	이권회수운동. 청나라 말기 외국 자본의 경제적 침탈에 대항, 중국의 이권을 되찾기 위해 벌인 운동
四川保路同志会	Sì chuān bǎo lù tóng zhì huì	사천보로동지회. 1911년 사천성에서 철도 국유화에 반대하여 조직된 단체
趙爾豐	Zhào Ěr fēng	조이풍(자오얼펑). 청말 사천성 총독 역임. 철도 보호 운동 탄압

제25화 신해혁명과 중화민국의 탄생

第二十五话 辛亥革命与中华民国的诞生

随着“成都血案”激化了人民的愤怒，四川各地爆发了武装起义。为平息四川的骚乱，清朝将驻扎在湖北省武昌的部分新军调往四川镇压。因此，清朝对武昌的控制有所松懈，武昌留守的新军中的同盟会成员抓住机会，决意发动起义。

1911年10月10日晚7时，武昌的新军革命派士兵首先占领弹药库，次日又成功控制湖广总督府。这次起义即为辛亥革命的导火索——武昌起义。在台湾，这一天被称为“双十节”，并作为中华民国的建国日来纪念。

此后，各地同盟会成员相继起义，革命的火焰迅速蔓延全国。短短一个多月内，全国24个省中，除华北和东北地区外，17个省宣布脱离清朝独立。这表明民众对清朝的反感早已根深蒂固。

随后，各省代表齐聚南京，并于12月29日召开代表大会。大会上，17个省的代表按照一省一票的原则投票，孙中山以压倒性支持当选为临时大总统。1912年1月1日，孙中山在南京宣布中华民国的诞生，并正式就任临时大总统。由此，1912年被定为民国元年。同年，宣统帝被迫退位，清朝的统治随之宣告结束。

단어풀이

爆发	bào fā	폭발하다
调派	diào pài	파견하다
弹药库	dàn yào kù	탄약고
导火索	dǎo huǒ suǒ	도화선
愤怒	fèn nù	분노
根深蒂固	gēn shēn dì gù	뿌리 깊다
火焰	huǒ yàn	불꽃
就任	jiù rèn	취임하다
决意	jué yì	결의하다
激化	jī huà	격화되다
控制	kòng zhì	통제하다
临时	lín shí	임시의
蔓延	màn yán	확산되다
平息	píng xī	평정하다
齐聚	qí jù	한자리에 모이다
骚乱	sāo luàn	소란
松懈	sōng xiè	느슨해지다
退位	tuì wèi	퇴위하다
脱离	tuō lí	이탈하다
宣告	xuān gào	선언하다
压倒性	yādǎo xìng	압도적인
占领	zhàn lǐng	점령하다
召开	zhào kāi	개최하다

驻扎	zhù zhā	주둔하다
总督府	zǒng dūfǔ	총독부
总统	zǒng tǒng	대통령
双十节	shuāng shíjié	쌍십절. 1911년 10월 10일 무창봉기를 기념하는 날로, 중화민국의 건국일.
辛亥革命	Xīn hài gé mìng	신해혁명. 1911년에 발생하여 청나라를 무너뜨리고 중화민국을 수립하는 계기가 된 사건.
宣统帝	Xuān tǒng dì	선통제. 청나라 마지막 황제 부의(溥仪 푸이)의 연호.

제26화 송 씨 세 자매

第二十六话 宋氏三姐妹

孙中山的最后一任妻子宋庆龄，是中国近代史上著名的宋氏三姐妹之一。她的父亲宋嘉树曾在美国范德堡大学（Vanderbilt University）主修基督教神学，成为一名卫理公会的传教士。

宋嘉树回国后，经营了一家出版社，印刷并销售中文圣经，同时通过机械进口等生意积累了大量财富。他在上海建造了一座豪宅，与家人一同居住，日常生活中多用英语交流，过着优雅且带有贵族气息的生活。然而，他被孙中山改变世界的理想深深吸引，没有沉湎于富足的生活，而是积极支持孙中山的革命事业。

宋嘉树有三女三子，虽然他的儿子们也各有成就，但三个女儿更加出名。大女儿宋蔼龄13岁时赴美留学，毕业于卫斯理女子学院（Wesleyan College）。她于1914年与富有的银行家孔祥熙结婚，因此获得了“爱钱的女人”的绰号。

二女儿宋庆龄于1915年嫁给了父亲的朋友、中华民国国父孙中山。由于她深受孙中山思想的影响，支持共产党，因此在中华人民共和国成立后选择留在大陆，未随国民党撤往台湾，后来曾担任国家副主席，因此被称为“爱国的女人”。

小女儿宋美龄曾在马萨诸塞州的卫斯理学院（Wellesley College）留学，1927年与孙中山的继任者蒋介石结婚，因此被称为“爱权的女人”。由于蒋介石是坚定的反共主义者，他与支持共产党的宋庆龄之间经常产生矛盾。

단어풀이

传教士	chuán jiào shì	선교사
绰号	chuò hào	별명
撤往	chè wǎng	철수하여 가다
沉湎	chén miǎn	빠지다, 탐닉하다
大宅	dà zhái	대저택
富足	fù zú	풍족하다
基督教	Jī dū jiào	기독교
继任者	jì rèn zhě	후임자
机械	jī xiè	기계
马萨诸塞州	Mǎ sà zhū sài zhōu	매사추세츠주
矛盾	máo dùn	갈등
神学	shén xué	신학
奢华	shē huá	사치스럽다
圣经	Shèng jīng	성경
印刷	yìn shuā	인쇄하다
优雅	yōu yǎ	우아하다
著名	zhù míng	유명하다
主修	zhǔ xiū	전공하다
范德堡大学	Fàn dé bǎo dà xué	밴더빌트 대학교. 미국 테네시주 내슈빌에 위치한 대학. 코닐리어스 밴더빌트(Cornelius Vanderbilt (1794-1877, 해운 및 철도 사업으로 부를 쌓은 인물)가 설립을 후원.
孔祥熙	Kǒng Xiáng xī	공상희(공샹시) 중국의 정치인 겸 경제학자. 중화민국의 재무부 장관과 행정원장 역임.

宋嘉树	Sòng Jiā shù	송가수(쑹자수) 미국 이름은 찰리 쑹(Charlie Soong)입니다. 중국 최초의 감리교 목사이자 사업가
宋蔼龄	Sòng Ǎi líng	송애령(쑹아이링) 공상희의 부인.
宋庆龄	Sòng Qìng líng	송경령(쑹칭링). 손문의 부인. 중화인민공화국 부주석 역임.
宋美龄	Sòng Měi líng	송미령(쑹메이링). 장개석의 부인
卫理公会	Wèi lǐgōng huì	감리교(監理敎). 기독교의 한 분파로, 존 웨슬리(John Wesley, 1703~1791) 형제에 의해 창시되어 도덕적 책임과 사회적 봉사를 중시.
卫斯理安女子学院	Wèi sī lǐ ān nǚ zǐ xué yuàn	웨슬리안 여자 대학(Wesleyan College) 1836년에 설립된 세계 최초의 여자 대학. 미국 조지아주 메이컨(Macon)에 위치.
卫斯理学院	Wèi sī lǐ xué yuàn	1870년 설립된 여자 대학. 미국 매사추세츠주 웰즐리(Wellesley)에 위치.

제27화 손문의 사퇴와 원세개의 등장

第二十七话 孙中山的辞职与袁世凯的崛起

辛亥革命虽然促成了中华民国的诞生,但当时真正掌握军权的是清朝新军的最高实权者、军阀袁世凯。袁世凯通过部下段祺瑞、冯国璋等人不断巩固军事实力。

尽管革命力量得到了人民的支持, 但在财政和军事上依然极为薄弱。最终, 1912年2月, 孙中山将临时大总统的职位让给了袁世凯。他辞职时向袁世凯提出了两项条件：废除清朝皇帝, 实行共和制, 并将首都迁往南京。袁世凯不仅未履行迁都的承诺, 反而在逼迫宣统帝退位后, 企图称帝自立。

1912年8月, 孙中山与黄兴、宋教仁等人联合中国同盟会及其他小党派, 成立了国民党。在1913年2月举行的中华民国首次国会议员选举中, 国民党取得了压倒性胜利。然而, 1913年3月20日, 年仅31岁、即将出任国务总理的国民党领袖宋教仁遭枪击遇刺身亡。此后, 袁世凯的独裁行径愈发肆无忌惮, 他未经国会同意, 私自向外国借贷, 用于巩固个人统治, 完全专断独行。

对此, 国民党于1913年7月联合革命力量, 发动了“二次革命”, 高喊“打倒袁世凯”的口号, 但这场起义很快被袁世凯的军队镇压。同年11月, 孙中山再次流亡日本。

단어풀이

薄弱	bó ruò	취약하다
逼迫	bī pò	강요하다
承诺	chéng nuò	약속하다
称帝	chēng dì	황제가 되다
辞职	cí zhí	사임하다
促成	cù chéng	촉진하다
诞生	dàn shēng	탄생하다
独裁	dú cái	독재
废除	fèi chú	폐지하다
巩固	gǒng gù	공고히 하다
借贷	jiè dài	대출하다
军阀	jūn fá	군벌
军权	jūn quán	군사권
流亡	liú wáng	망명하다
履行	lǚ xíng	이행하다
迁都	qiān dū	수도를 옮기다
枪击	qiāng jī	총격
身亡	shēn wáng	사망하다
肆无忌惮	sì wú jì dàn	거리낌 없다
私自	sī zì	사적으로
遇刺	yù cì	암살당하다
专断独行	zhuān duàn dú xíng	독단적이다
掌握	zhǎng wò	장악하다

段祺瑞	Duàn Qí ruì	단기서(돤치루이,1865~1936) 중화민국 초기의 군벌 및 정치가. 북양정부에서 국무총리, 총통 대행 등을 역임.
冯国璋	Féng Guó zhāng	풍국장(펑궈장, 1859~1919) 북양군벌 출신의 정치가. 중화민국의 부통령과 대총통 대리 역임.
宋教仁	Sòng Jiào rén	송교인(쑹자오런, 1882~1913) 국민당 창립의 주역. 공화주의 이상 실현을 추구했으나 암살당하였음.
袁世凯	Yuán Shì kǎi	원세개(위안스카이, 1859~1916) 중화민국 초대 대총통 역임. 스스로 황제 자리에 오르려 했으나 실패.
中国同盟会	Zhōng guó tóng méng huì	중국동맹회. 손문의 주도로 1905년 설립된 혁명 단체.

제28화 일본의 21개 조 요구

第二十八话 日本的二十一条要求

1914年8月, 第一次世界大战爆发后, 日本依据英日同盟对德国宣战, 并占领了德国控制下的山东省青岛。日本的目的是夺取德国在山东半岛的势力范围后, 以此为基础, 把自己的影响力进一步扩大到中国全境。

随后, 1915年1月, 日本向袁世凯提出了所谓的"二十一条要求", 条件是支持他登上皇帝宝座。野心勃勃的袁世凯最终在1915年5月9日接受了这一要求。"二十一条要求"的主要内容包括：1) 中国承认日本在南满洲扩展并加强其权益；2) 将德国在山东半岛的权利转让给日本；3) 允许日本人在中国境内经营铁路和矿山；4) 在政治、财政、军事等领域聘请日本顾问, 并大量雇佣日本警察。

当日本占领山东半岛及"二十一条要求"传开后, 中国国内的知识分子、海外华侨及留学生们纷纷表示强烈反对。他们对袁世凯政府的卖国外交进行了严厉抨击, 并将5月9日定为"国耻纪念日"。

단어풀이

爆发	bào fā	발발하다
第一次世界大战	dì yī cì shì jiè dà zhàn	제1차 세계 대전
夺取	duó qǔ	탈취하다
范围	fàn wéi	범위
纷纷	fēn fēn	잇따라
国耻	guó chǐ	국치
顾问	gù wèn	고문
雇佣	gù yōng	고용하다
华侨	huá qiáo	화교
基础	jī chǔ	기초
矿山	kuàng shān	광산
扩展	kuò zhǎn	확장하다
控制	kòng zhì	통제하다
领域	lǐng yù	분야
抨击	pēng jī	비난하다
强烈	qiáng liè	강렬하다
权益	quán yì	권익
铁路	tiě lù	철도
宣战	xuān zhàn	선전포고하다
严厉	yán lì	엄격하다
野心勃勃	yě xīn bó bó	야심이 가득하다
依据	yī jù	근거하다
允许	yǔn xǔ	허락하다
转让	zhuǎn ràng	양도하다
占领	zhàn lǐng	점령하다

제29화 원세개의 몰락과 군벌의 혼전

第二十九话 袁世凯的没落与军阀混战

袁世凯通过御用政治团体"筹安会"制造复辟君主制的舆论，并收买社会底层民众，指使他们发起请愿，要求他登基称帝。为实现其称帝野心，袁世凯不择手段。1915年12月，他召开全国国民大会，通过由清朝官员及贵族出身的"国民代表" 1993人的投票，将中国的国体从共和制改为立宪君主制。在这些支持的基础上，袁世凯正式登上皇帝宝座。

然而，袁世凯称帝后，全国范围内的反对声浪四起。曾任云南都督的蔡锷与唐继尧组建护国军，发起讨伐袁世凯的战争，甚至袁世凯的亲信冯国璋和段祺瑞也对其称帝行径表示反对。最终，袁世凯称帝仅三个月后，便于1916年3月被迫放弃皇位，并于同年6月6日因病去世。

尽管袁世凯去世，但他的部下依然控制着政权，北洋军阀的统治体系得以继续维持。然而，军阀之间的权力纷争也随之展开。当时的总统是曾参与辛亥革命的黎元洪，但实权却掌握在段祺瑞的皖系、张作霖的奉系以及冯国璋的直系手中，这些势力为争夺权力而对立。这些军阀从列强获得武器和贷款，并向农民和商人征税以筹集军费。随着这些军阀间战争的频繁爆发，百姓的生活日益困苦。

단어풀이

不择手段	bù zé shǒu duàn	수단을 가리지 않다
宝座	bǎo zuò	보위
筹集	chóu jí	모집하다
筹安会	chóu ān huì	추안회
称帝	chēng dì	황제가 되다
贷款	dài kuǎn	대출
独裁	dú cái	독재
登基	dēng jī	즉위하다
底层	dǐ céng	하층
放弃	fàng qì	포기하다
复辟	fù bì	복벽
纷争	fēn zhēng	분쟁
国体	guó tǐ	국체
护国	hù guó	호국
混战	hùn zhàn	혼전
军阀	jūn fá	군벌
控制	kòng zhì	통제하다
困苦	kùn kǔ	곤고하다
频繁	pín fán	빈번하다
去世	qù shì	사망하다
亲信	qīn xìn	측근
请愿	qǐng yuàn	청원하다
声浪	shēng làng	목소리

收买	shōu mǎi	매수하다
四起	sì qǐ	사방에서 일어나다
讨伐	tǎo fá	토벌하다
行径	xíng jìng	행위
御用	yù yòng	어용
舆论	yú lùn	여론
争夺	zhēng duó	다투다
征税	zhēng shuì	세금 징수
终结	zhōng jié	종결
指使	zhǐ shǐ	지시하다
黎元洪	Lí Yuán hóng	여원홍(리위안훙) 신해혁명에 참여했으며 북양정부 대통령 역임
唐继尧	Táng Jì yáo	당계요(탕지야오). 운남성의 총독을 역임한 중국 군사지도자

제30화 파리강화회의와 5.4운동

第三十话 巴黎和会与五四运动

1919年1月至6月，中国派遣代表团参加了巴黎和会。中国代表团的主要目标是收回德国在山东省的权益，并废除日本与袁世凯之间签订的《二十一条》不平等条约。然而，由于当时中国国力较弱，最终未能实现这一目标。

巴黎和会的消息传回国内后，以学生团体为中心全国范围的反日运动和对卖国贼的声讨迅速扩散开来。1919年5月4日，众多学生和市民聚集在北京天安门广场，举行大规模的示威。愤怒的示威者还纵火焚烧了接受《二十一条》要求的外交次长曹汝霖的住宅。中国代表团感受到国内紧张气氛的压力，最终拒绝出席在凡尔赛宫举行的和约签字仪式。

五四运动的意义在于，原本没有政治发言权的学生、工人、商人等普通民众通过发声成功实现了自己的诉求。这场运动之所以能够推动民众积极参与政治，离不开1915年左右开始的新文化运动的重大作用。

新文化运动是一场思想革命，远远超越了洋务运动所提倡的“中体西用”和戊戌变法的层次。失望于袁世凯复辟的知识分子认为，只有打破儒教这个精神根源，才能克服国力衰退和政治、社会的腐败。因此，他们对儒教所提倡的上下服从秩序、家长制与等级制度的家庭结构，以及由此产生的民众压迫和女性歧视展开了批判。

단어풀이

倡导	chàng dǎo	주창하다
层次	céng cì	차원
次长	cì zhǎng	차관
等级	děng jí	계급
废除	fèi chú	폐지하다
焚烧	fén shāo	불태우다
服从	fú cóng	복종하다
腐败	fǔ bài	부패
根源	gēn yuán	근원
结构	jié gòu	구조
家长制	jiā zhǎng zhì	가부장제
拒绝	jù jué	거절하다
聚集	jù jí	모이다
积极	jī jí	적극적이다
扩散	kuò sàn	확산하다
克服	kè fú	극복하다
卖国贼	mài guó zéi	매국노
派遣	pài qiǎn	파견하다
签字	qiān zì	서명하다
气氛	qì fēn	분위기
歧视	qí shì	차별
儒家	rú jiā	유가
衰退	shuāi tuì	쇠퇴하다

声讨	shēng tǎo	규탄하다
收回	shōu huí	회수하다
诉求	sù qiú	요구
推动	tuī dòng	추진하다
新文化运动	xīn wén huà yùn dòng	신문화운동
仪式	yí shì	의식
压迫	yā pò	억압하다
秩序	zhì xù	질서
住宅	zhù zhái	주택
中体西用	zhōng tǐ xī yòng	중체서용
纵火	zòng huǒ	방화하다
巴黎和会	Bā lí hé huì	파리강화회의. 제1차세계대전 후 전후 처리를 위해 열린 국제 회의
曹汝霖	Cáo Rǔ lín	조여림(차오루린). 중국 외교부 관료
凡尔赛宫	Fán ěr sài gōng	베르사유 궁
天安门广场	Tiān ān mén guǎng chǎng	천안문광장

제31화 신문화운동과 신문학

第三十一话 新文化运动与新文学

1915年9月，陈独秀创办的杂志《新青年》在新文化运动的发展中发挥了重要作用。《新青年》倡导弘扬西方的民主与科学价值，主张破除旧社会的弊端，推动社会革新。当时在中国，民主(德谟克拉西, Democracy)和科学(赛因斯, Science)被拟人化，因此流传着一句话："要好好侍奉德先生和赛先生"。这一现象表明，西方的自由主义、民主主义、科学主义和个人主义理念已在中国广泛传播，并逐渐取代儒家传统文化的地位。

新文学在新文化运动中起到了关键作用。哥伦比亚大学博士、1917年开始在北京大学任教的胡适在《文学改良刍议》中提出，文学创作应使用白话文。他认为，只有用大众能够理解的白话文表达思想和情感，才能更好地启蒙一般老百姓。

1918年，鲁迅在《新青年》上发表了中国首篇白话文短篇小说《狂人日记》。鲁迅通过一个患有被害妄想症、认为周围的人甚至村里的狗都要吃掉他的狂人的视角，将四千多年的中国历史形象地比喻为"吃人的历史"。他借此指出，在以儒家思想为主导的传统社会中，上层阶级不断压迫和剥削下层民众。

단어풀이

表达	biǎo dá	표현하다
弊端	bì duān	폐단
剥削	bō xuē	착취하다
比喻	bǐ yù	비유하다
创办	chuàng bàn	창립하다
传播	chuán bō	전파하다
倡导	chàng dǎo	주창하다
德谟克拉西	Dé mó kè lā xī	민주
短篇小说	duǎn piān xiǎo shuō	단편 소설
发挥	fā huī	발휘하다
弘扬	hóng yáng	널리 알리다
流传	liú chuán	유행하다
拟人化	nǐ rén huà	의인화
破除	pò chú	타파하다
启蒙	qǐ méng	계몽하다
取代	qǔ dài	대체하다
赛因斯	Sài yīn sī	과학
侍奉	shì fèng	받들다
压迫	yā pò	억압하다
杂志	zá zhì	잡지
哥伦比亚大学	Gē lún bǐ yà dà xué	컬럼비아 대학교

胡适	Hú Shì	호적(후스). 중국의 문학가이자 철학자가. 신문화운동과 백화문 보급에 기여
鲁迅	Lǔ Xùn	노신(루쉰). 중국현대문학의 선구자. 『아Q정전』, 『광인일기』 등의 작품을 통해 사회적 부조리와 국민성의 문제점 고발

제32화 마르크스주의의 전파와 중국공산당의 수립

第三十二话 马克思主义的传播与中国共产党的成立

1917年10月, 俄罗斯爆发了布尔什维克革命, 推翻了沙皇政权, 建立了社会主义政权。随后, 1919年3月, 在列宁的领导下, 俄国共产党发起成立了共产国际(Comintern), 旨在联合全球的共产主义者, 共同对抗帝国主义列强和资本主义。同时, 苏维埃政权和共产国际认为, 要将共产主义传播到全世界并推翻帝国主义, 必须在中国建立共产党。

1919年7月, 俄国外务人民委员列夫 · 加拉罕(Lev Karakhan)发表了"加拉罕宣言", 宣布俄国放弃沙皇俄国在中国攫取的领土和权益, 并放弃庚子赔款。该宣言不仅让中国知识分子对俄国产生了信任与好感, 还在中国国内掀起了一股马克思主义研究的热潮。

北京大学教授李大钊和陈独秀积极传播马克思主义, 在共产国际的支持下, 为1921年中国共产党的成立做出了重要贡献。1921年7月, 中国共产党第一次全国代表大会在上海法租界和嘉兴南湖召开, 毛泽东等13位代表出席, 会议决定推翻资产阶级, 实行无产阶级专政。

단어풀이

对抗	duì kàng	대항하다
帝国主义	dì guó zhǔ yì	제국주의
共产国际	gòng chǎn guó jì	코민테른, 공산주의 국제연맹
贡献	gòng xiàn	공헌
攫取	jué qǔ	약탈하다
全国代表大会	quán guó dài biǎo dà huì	전국대표대회
全球	quán qiú	전 세계
热潮	rè cháo	열기
无产阶级	wú chǎn jiē jí	무산 계급
信任	xìn rèn	신뢰하다
专政	zhuān zhèng	독재
旨在	zhǐ zài	목적은 ~에 있다
资本主义	zī běn zhǔ yì	자본주의
资产阶级	zī chǎn jiē jí	자산 계급
租界	zū jiè	프랑스 조계
布尔什维克	Bù ěr shí wéi kè	볼셰비키. 1917년 러시아혁명을 이끌며 사회주의 체제를 수립한 급진 혁명파
陈独秀	Chén Dú xiù	진독수(천두슈). 신문화운동과 중국공산당 창립을 주도한 혁명가
俄国	É guó	러시아
加拉罕	Jiā lā hǎn	카라한. 러시아 외교관

嘉兴	Jiā xīng	가흥(지아싱). 중국 절강성(浙江省)의 도시. 중국공산당 제1차 전국대표대회 회의가 개최된 장소
列宁	Liè níng	레닌. 러시아 혁명의 지도자. 소비에트 연방 창설을 주도
李大钊	Lǐ Dà zhāo	이대조(리다자오). 마르크스주의 이론가.
沙皇	Shā huáng	차르. 제정러시아 황제
苏维埃	Sū wéi āi	소비에트(Soviet). 노동자, 농민, 군인 등의 대표들이 모인 평의회를 의미.

제33화 제1차 국공합작과 북벌

第三十三话 第一次国共合作与北伐

1919年10月，孙中山在上海成立了中国国民党，并提出“联俄、容共”的方针。根据孙中山的愿景，在共产国际的调解下，中国国民党与中国共产党于1924年1月达成了第一次国共合作，决定联手推翻帝国主义和军阀的统治。1924年6月，国民党成立了中国国民党陆军军官学校，也就是著名的黄埔军校，由蒋介石担任首任校长。1925年，国民党组建了国民革命军，这支军队由黄埔军校的毕业生和蒋介石指挥的部队组成，成为推动北伐的重要力量。

然而，1925年孙中山去世后，国民党内部的左右派矛盾逐渐激化。1926年，蒋介石发起北伐，并于1927年3月进军上海。然而，面对共产党主导的大规模工人罢工，蒋介石于4月12日发动了严厉的镇压，导致国共第一次合作的彻底破裂。

1928年4月，蒋介石的国民革命军重新展开北伐。当时掌控北京政权的奉系军阀领袖张作霖在乘坐的火车上被日本军队炸死。1928年6月，蒋介石率军进入北京，宣布北伐胜利完成，并在全城悬挂象征国民党的青天白日满地红旗，随后宣布南京为国民政府的首都。从此，国民党在全国范围内正式开始了统治。

단어풀이

愿景	yuàn jǐng	비전
调解	tiáo jiě	중재하다
达成	dá chéng	도달하다
联手	lián shǒu	협력하다
指挥	zhǐ huī	지휘하다
激化	jī huà	격화되다
进军	jìn jūn	진군하다
罢工	bà gōng	파업
破裂	pò liè	파열되다
重新	chóng xīn	다시
掌控	zhǎng kòng	장악하다
军阀	jūn fá	군벌
炸死	zhà sǐ	폭사하다
率军	shuài jūn	군을 이끌다
悬挂	xuán guà	걸다
象征	xiàng zhēng	상징
青天白日满地红旗	qīng tiān bái rì mǎn dì hóng qí	청천백일기중국 국민당의 당기로 민족주의와 혁명 정신 상징
黄埔军校	Huáng pǔ jūn xiào	황푸군사학교. 1924년 광저우에 설립된 군사 학교
北伐	Běi fá	북벌. 중국국민당이 군벌 세력을 타도하고 중국 통일을 위해 진행한 군사 작전
张作霖	Zhāng Zuò lín	장쭤린(장작림). 중국 동북 지역의 군벌

제34화 정강산 투쟁과 중화소비에트공화국

第三十四话 井冈山斗争与中华苏维埃共和国

第一次国共合作破裂后, 在周恩来、朱德、贺龙、叶挺等人的领导下, 中国共产党于1927年8月1日选择国民党防守相对薄弱的江西南昌作为起义地点发动起义, 此即南昌起义。他们成功占领南昌并成立革命委员会, 但在国民党军队的围攻下, 起义仅持续了5天便告失败。随后, 共产党在湖北、河南、陕西、广东等地的起义也相继失败。

此时, 毛泽东认识到通过武装起义夺取城市据点的策略存在问题。因此, 他于1927年12月率领约1,000名部队进入江西和湖南交界的井冈山, 将其作为根据地, 并逐步扩展势力。毛泽东严格规范军队纪律, 并在江西和湖南地区推行没收地主土地、分配给农民的政策。依靠这些措施, 共产党成功赢得了民众的支持, 势力得以扩展, 红军的力量也迅速壮大。

面对共产党的崛起, 蒋介石于1930年12月至1931年7月展开剿共行动。然而, 因共产党采用灵活的游击战术, 国民党军队未能有效镇压。这极大地鼓舞了共产党, 1931年11月, 他们在江西瑞金宣布成立中华苏维埃共和国。

단어풀이

破裂	pò liè	파열되다
防守	fáng shǒu	방어하다
薄弱	bó ruò	취약하다
占领	zhàn lǐng	점령하다
围攻	wéi gōng	포위 공격하다
持续	chí xù	지속하다
相继	xiāng jì	잇따라
策略	cè lüè	전략
率领	shuài lǐng	이끌다
交界	jiāo jiè	경계
根据地	gēn jù dì	근거지
规范	guī fàn	규범화하다
纪律	jì lǜ	규율
推行	tuī xíng	추진하다
没收	mò shōu	몰수하다
赢得	yíng dé	얻다
壮大	zhuàng dà	강화되다
崛起	jué qǐ	대두하다
剿共	jiǎo gòng	공산당 토벌
游击战术	yóu jī	유격
鼓舞	gǔ wǔ	고무하다
周恩来	Zhōu Ēn lái	주은래(저우언라이, 1898~1976) 중국의 정치가이자 외교가. 초대 총리를 지냈음.

朱德	Zhū Dé	주덕(주더, 1886~1976). 중국 인민해방군의 창립자 중 한 명
贺龙	Hè Lóng	하룡(허룽, 1896~1969). 중국의 군사 지도자로, 공산당 홍군을 이끌었음
叶挺	Yè Tǐng	엽정(예팅, 1896~1946). 중국 홍군의 군사 지도자
井冈山	Jǐng gāng shān	정강산(징강산). 중국공산당의 초기 혁명 근거지 역할을 했던 산지
红军	Hóng jūn	홍군. 중국공산당이 1927년 창설한 군대. 정식 명칭은 중국공농홍군(中国工农红军). 이후 인민해방군으로 발전
瑞金	Ruì jīn	서금(루이진). 강서성(江西省)에 위치한 도시로 중화 소비에트 공화국의 수도였음
中华苏维埃共和国	Zhōng huá Sū wéi āi gòng hé guó	중화 소비에트 공화국. 중국 공산당이 설립한 첫 소비에트 정부

제35화 류조호사건과 만주국 수립

第三十五话 柳条湖事件与满洲国的建立

1931年9月18日，日本关东军在中国东北的重要城市奉天(今沈阳)北部的柳条湖，故意炸毁了他们控制的南满铁路。随后，他们捏造证据，诬称是中国军队所为，以此为借口发起进攻。关东军迅速占领了奉天、长春等辽宁省和吉林省的重要城市，并继续扩展势力至黑龙江省。

然而，蒋介石认为剿灭共产党是更紧迫的任务，因而命令东北军司令官张学良不得抵抗日本军队。尽管张学良因父亲张作霖在日本策划的火车爆炸事件中遇害，对日本怀有深深的仇恨，但他仍遵从蒋介石的命令，未能抵抗日本的侵略，最终背负了“不抵抗将军”的不光彩称号。

到1932年初，日本已占领整个满洲地区，并于同年3月1日扶持清朝末代皇帝溥仪为傀儡，建立了满洲国。表面上，满洲国是满族的国家，实际上却是日本的殖民地。

단어풀이

背负	bèi fù	떠맡다
不光彩	bù guāng cǎi	불명예
撤退	chè tuì	철수하다
仇恨	chóu hèn	증오
仇视	chóu shì	적대시하다
称号	chēng hào	칭호
策划	cè huà	기획하다
抵抗	dǐ kàng	저항하다
抵御	dǐ yù	막아내다
扶持	fú chí	지원하다
巩固	gǒng gù	공고히 하다
借口	jiè kǒu	구실, 핑계
劫掠	jié lüè	약탈하다
剿灭	jiǎo miè	섬멸하다
进攻	jìn gōng	공격하다
紧迫	jǐn pò	긴박하다
傀儡	kuǐ lěi	꼭두각시
控制	kòng zhì	통제하다
南满铁路	nán mǎn tiě lù	남만주 철도
强权	qiáng quán	강권
侵略	qīn lüè	침략
侵占	qīn zhàn	침범하여 점령하다
遇害	yù hài	재난을 당하다, 살해당하다

显现	xiǎn xiàn	드러나다
迅速	xùn sù	신속하게
炸毁	zhà huǐ	폭파하다
殖民地	zhí mín dì	식민지
栽赃	zāi zāng	누명을 씌우다
增强	zēng qiáng	증강하다
遵从	zūn cóng	따르다
关东军	Guān dōng jūn	관동군. 만주 침략을 주도하였던 일본 제국의 군대
满族	Mǎn zú	만주족. 중국 북동부에 거주하며 청나라를 건국한 민족
溥仪	Pǔ Yí	푸이. 청나라의 마지막 황제이자 만주국의 상징적 군주
奉天	fèng tiān	봉천(펑톈). 현재의 심양(瀋陽)

제36화 홍군의 대장정

第三十六话 红军的长征

1930年代初，蒋介石领导的国民党对中国共产党发动了大规模的围剿行动。共产党在江西省建立了苏维埃政府，试图通过农民为基础发动革命。然而，国民党调集了大量军队，持续围困并加紧压制，执行他们的剿共计划。最终，毛泽东于1934年10月决定放弃江西根据地，率领约8万6千名红军进行突围。为了寻找一个远离国民党控制的新根据地，他们向西大幅绕道，随后向东北方向进军，这就是后来被称为“长征”的历史事件。

长征的路程长达1万2千公里，充满艰难险阻。红军翻越了18座山脉的上千个山峰，渡过了24条江河，行经14个省份。他们不仅要面对国民党的围追堵截，还要克服恶劣的自然环境，如极度的寒冷、疾病和粮食短缺等各种困难。

1935年10月，红军主力部队抵达陕西省延安的吴起镇时，幸存者仅剩出发时的十分之一，约8千人。虽然红军完成了长征，但他们已极度疲惫。如果此时国民党发动大规模扫荡行动，共产党可能面临毁灭的危机。然而，由于国民党内部的矛盾，尤其是张学良发动的西安事变，国民党未能对共产党进行决定性的打击。这一事件成为共产党重建力量的重要转折点。

단어풀이

持续	chí xù	지속하다
重建	chóng jiàn	재건하다
大幅	dà fú	크게
调集	diào jí	집결시키다
抵达	dǐ dá	도착하다
堵截	dǔ jié	차단하다
渡过	dù guò	건너다
短缺	duǎn quē	부족하다
恶劣	è liè	열악하다
翻越	fān yuè	넘다
根据地	gēn jù dì	근거지
毁灭	huǐ miè	괴멸하다
加紧	jiā jǐn	강화하다
艰难	jiān nán	어렵다
控制	kòng zhì	통제하다
路程	lù chéng	여정
绕道	rào dào	우회하다
扫荡	sǎo dàng	소탕하다
省份	shěng fèn	성(행정구역)
率领	shuài lǐng	이끌다
山峰	shān fēng	산봉우리
山脉	shān mài	산맥

随后	suí hòu	이후, 뒤따라
突围	tū wéi	돌파하다
行经	xíng jīng	지나가다
幸存者	xìng cún zhě	생존자
寻找	xún zhǎo	찾다
压制	yā zhì	억누르다
围剿	wéi jiǎo	포위 섬멸하다
围困	wéi kùn	포위하다
围追	wéi zhuī	포위하고 추격하다
险阻	xiǎn zǔ	위험과 장애
执行	zhí xíng	집행하다
转折点	zhuǎn zhé diǎn	전환점

제37화 서안사변

第三十七话 西安事变

1932年日本建立傀儡政权满洲国后，于1935年将侵略扩大至华北地区。为了在华北地区扶植傀儡政权，日本采取收买或威胁五省军阀和政治领袖的策略，迫使他们宣布脱离国民政府，并实施所谓的"自治"计划。

日本的侵略反而为中国共产党带来了新的生机。共产党计划以"国共合作、共同抗日"为名，试图迫使国民党停止对其围剿，并在抗日过程中积蓄力量，伺机重新崛起。1935年12月9日，北京地区数千名学生对国民党发起了抗议，要求"停止内战，共同抗日"。这场示威为共产党的宣传营造了有利的舆论环境。

然而蒋介石依然坚持"攘外必先安内"的方针，继续专注于剿灭共产党。他派遣张学良和杨虎城驻扎在延安附近的西安，并亲自前往督战。

出乎意料的是，张学良和杨虎城于12月12日突然扣押了蒋介石及其随行人员，要求停止内战，联合共产党共同抗日。最终，蒋介石在1936年12月25日同意了他们的要求，并被释放。这一事件被称为西安事变。事后，张学良被监禁10年，1946年被押送至台湾，并在1988年之前一直处于软禁状态。

단어풀이

策略	cè lüè	전략
出乎意料	chū hū yì liào	뜻밖이다
督战	dū zhàn	전쟁을 감독하다
扶植	fú zhí	부추기다, 후원하다
崛起	jué qǐ	일어나다, 부상하다
扣押	kòu yā	구금하다
抗议	kàng yì	항의하다
傀儡	kuǐ lěi	괴뢰
领袖	lǐng xiù	지도자
派遣	pài qiǎn	파견하다
攘外必先安内	rǎng wài bì xiān ān nèi	외세를 몰아내기 전에 내정을 안정시키다
收买	shōu mǎi	매수하다
生机	shēng jī	생기, 활력
伺机	sì jī	기회를 엿보다
随行	suí xíng	수행하다
脱离	tuō lí	벗어나다, 탈피하다
围剿	wéi jiǎo	포위 섬멸하다
威胁	wēi xié	위협하다
营造	yíng zào	조성하다
舆论	yú lùn	여론
押送	yā sòng	압송하다
软禁	ruǎn jìn	연금하다
状态	zhuàng tài	상태

专注	zhuān zhù	몰두하다
驻扎	zhù zhā	주둔하다
积蓄	jī xù	축적하다
蒋介石	Jiǎng Jiè shí	장개석(장제스, 1887~1975). 중국 국민당의 지도자, 중화민국 총통 역임
杨虎城	Yáng Hǔ chéng	양호성(양후청, 1893~1949). 중국의 군사 지도자, 장학량과 함께 서안사변 주도.
张学良	Zhāng Xué liáng	장학량(장쉐량, 1901~2001). 중국의 군벌 및 장군, 장작림의 아들, 서안사변을 통해 공산당과의 협력 주도

제38화 노구교사건과 중일전쟁

第三十八话 卢沟桥事变与中日战争

1937年7月7日，在北京郊外的卢沟桥发生了一名正在进行夜间训练的日本士兵短暂失踪的事件。虽然该士兵很快返回了部队，但日军仍然要求进入国民党军控制的地区进行搜查。国民党军拒绝了这一要求，次日凌晨，即1937年7月8日，日本军队向国民党军队发动了炮击，随后日本向中国派遣了大规模的军队，战争由此爆发。

到1937年8月，战火蔓延至上海，国民党和共产党决定通过第二次国共合作共同进行抗日斗争。同年11月，日本攻陷上海，12月占领了首都南京。为应对旷日持久的战争，蒋介石决定将首都从南京迁往重庆。从1937年12月至翌年2月，日军在南京对尚未撤离的中国居民进行了惨无人道的屠杀。

随着战争的持续和战线的扩大，美国公开反对日本的侵略行径，并开始援助中国。1939年7月，美国实施了禁止对日出口军需物资和原材料的政策。此后，日本将目光转向东南亚，并提出了所谓"大东亚共荣圈"的构想。日本表面上声称要驱逐西方势力、实现亚洲的共同繁荣，实际上为的是掠夺东南亚的资源和劳动力。

단어풀이

爆发	bào fā	발발하다
惨无人道	cǎn wú rén dào	잔혹하다
撤离	chè lí	철수하다
持久战	chí jiǔ zhàn	장기전
返回	fǎn huí	돌아가다
繁荣	fán róng	번영
构想	gòu xiǎng	구상
攻陷	gōng xiàn	점령하다
掠夺	lüè duó	약탈하다
禁止	jìn zhǐ	금지하다
军需	jūn xū	군수
拒绝	jù jué	거절하다
郊外	jiāo wài	교외
蔓延	màn yán	번지다
目光	mù guāng	시선
炮击	pào jī	포격하다
迁往	qiān wǎng	이전하다
驱逐	qū zhú	몰아내다
失踪	shī zōng	실종되다
搜查	sōu chá	수색하다
屠杀	tú shā	학살하다
物资	wù zī	물자

行径	xíng jìng	행태
训练	xùn liàn	훈련
夜间	yè jiān	야간
援助	yuán zhù	지원하다
原材料	yuán cái liào	원자재
战火	zhàn huǒ	전쟁의 불길
战线	zhàn xiàn	전선
大东亚共荣圈	dà dōng yà gòng róng quān	대동아공영권. 일본이 자원과 시장을 지배하기 위해 내세운 "아시아의 공동 번영" 구상
卢沟桥	Lú gōu qiáo	노구교(루꺼우치아오). 북경 근교에 있는 다리. 1937년 7월 7일 이곳에서 일본군과 중국군의 충돌이 발생

제39화 일본의 패망과 국공내전의 발발

第三十九话 日本的战败与国共内战的爆发

1941年12月7日, 日本为了突破美国的制裁而扩张势力, 发动了珍珠港袭击, 给美国造成了重大损失。美国随即向日本宣战, 美日两国在太平洋上展开了激烈的战斗。自1944年6月起, 美国对日本本土进行了持续轰炸, 并于1945年8月向广岛和长崎投下了原子弹。日本在目睹原子弹毁灭性的巨大威力后, 被迫无条件投降, 历时八年的中日战争也因此宣告结束。

日本投降后, 美国的对华政策是以蒋介石的国民党为主导, 推动国民党接受共产党的参与, 共同建立统一的联合政府, 并以此为基础谋求其在亚洲地区的利益。

然而, 在长达八年的中日战争期间, 国民党因独裁统治逐渐失去了民心, 而共产党则凭借农民的支持, 逐步扩大了其影响力。1946年7月, 国共双方为争夺中国大陆的主导权爆发了激烈的内战。随着内战的加剧, 美国最终承认蒋介石的国民政府为中国的唯一合法政府。

단어풀이

被迫	bèi pò	강요받다
长达	cháng dá	(시간이) 길게 이어지다
打破	dǎ pò	깨다, 돌파하다
独裁	dú cái	독재
毁灭性	huǐ miè xìng	파괴적, 치명적
轰炸	hōng zhà	폭격하다
激烈	jī liè	격렬하다
加剧	jiā jù	격화되다
扩张	kuò zhāng	확장
利益	lì yì	이익
历时	lì shí	시간이 걸리다
目睹	mù dǔ	목격하다
内战	nèi zhàn	내전
投下	tóu xià	투하하다
投降	tóu xiáng	항복하다
宣告	xuān gào	선언하다
宣战	xuān zhàn	선전포고하다
唯一	wéi yī	유일한
原子弹	yuán zǐ dàn	원자 폭탄
争夺	zhēng duó	쟁탈하다
战败	zhàn bài	전쟁에서 패하다
主导权	zhǔ dǎo quán	주도권
阻碍	zǔ ài	장애물, 방해
珍珠港	Zhēn zhū gǎng	진주만(Pearl Harbor). 미국 하와이주 오아후(Oahu)섬에 위치한 항구

제40화 중화인민공화국의 성립

第四十话 中华人民共和国的成立

在国共内战初期，国民党军队依靠从美国获得的先进武器，在战局中取得了优势地位。他们于1947年占领了共产党的根据地延安，并夺取了多个省份的重要城市。然而，为了守住占领区，国民党军队不得不分散兵力，最终导致自身陷入孤立。

与此同时，人民的支持逐渐倾向于共产党。在中日战争期间，人民解放军通过塑造"人民军队"的形象赢得了广大民众的支持。相比之下，作为执政党的国民党，由于战争期间带来的贫困、混乱，以及其内部的腐败和弊病，成为众矢之的。中国共产党巧妙地抓住了这一点，积极开展宣传和动员工作，成功将舆论引向自己一方。

在辽沈战役、淮海战役和平津战役这三大战役中，人民解放军势如破竹，彻底击败了国民党军队。1949年1月31日，人民解放军进入北平（北京），4月23日攻占中华民国首都南京，5月27日占领了上海。1949年10月1日，毛泽东在北京天安门广场宣布中华人民共和国的成立。11月30日，人民解放军攻陷了中华民国政府的临时首都重庆。战败的蒋介石于当年12月10日从成都逃往台湾，此后约有50万残余部队和200万难民陆续跟随撤离大陆。

단어풀이

弊病	bì bìng	폐해
残余	cán yú	잔여
彻底	chè dǐ	철저하다
撤离	chè lí	철수하다
大陆	dà lù	대륙
夺取	duó qǔ	빼앗다
腐败	fǔ bài	부패
混乱	hùn luàn	혼란
击败	jī bài	물리치다
陆续	lù xù	연이어, 잇달아
贫困	pín kùn	빈곤
巧妙	qiǎo miào	교묘하다
势如破竹	shì rú pò zhú	맹렬한 기세로 진격하다
塑造	sù zào	형성하다, 조형하다
陷入	xiàn rù	빠지다
形象	xíng xiàng	이미지, 형상
宣布	xuān bù	선포하다
引向	yǐn xiàng	끌다, 유도하다
战败	zhàn bài	전쟁에서 패하다
战局	zhàn jú	전황, 전쟁 상황
战役	zhàn yì	전역(큰 전투)
众矢之的	zhòng shǐ zhī dì	모든 비난의 대상

제41화 한국전쟁의 발발

第四十一话 韩国战争的爆发

金日成于1949年3月首次访问莫斯科，会见了斯大林。此时，他向斯大林请求批准侵略韩国的计划。然而，斯大林当时担心美国的介入，拒绝了金日成的请求。不过，1949年6月，韩国发生了重大变化，即是驻扎在韩国的美军撤离。此外，1949年10月，中国成立了共产党政权。斯大林认为国际形势的发展开始对共产阵营有利。于是，1950年4月10日，金日成再次访问莫斯科时，斯大林批准了他发动战争的请求。

1950年6月25日凌晨，北韩军队突然发动了南侵，战争由此爆发。配备苏联坦克的北韩军队在南侵三天后的6月28日成功占领了首尔。他们在中央厅升起了北韩的国旗一人共旗。并对市民进行残忍的人民审判和清洗。

同年7月7日，联合国安理会通过决议，设立联合国军司令部，并任命道格拉斯·麦克阿瑟将军为联合国军总司令。随后，美国等16个国家派遣军队支援韩国，5个国家提供医疗支援，39个国家提供物资支援。

尽管联合国军在7月初抵达韩国并投入战斗，但由于准备不足和兵力劣势，屡次被北韩军队击败。北韩军迅速占领了除大邱、釜山等庆尚道部分地区以外的韩国大部分领土。

단어풀이

安理会	ān lǐ huì	안전 보장 이사회
残忍	cán rěn	잔인하다
撤离	chè lí	철수하다
将军	jiāng jūn	장군
介入	jiè rù	개입하다
尽管	jǐn guǎn	그럼에도 불구하고
联合国	Lián hé guó	유엔
劣势	liè shì	열세
配备	pèi bèi	배치하다
批准	pī zhǔn	승인하다
请求	qǐng qiú	요청하다
清洗	qīng xǐ	청소하다, 숙청하다
支援	zhī yuán	지원하다
审判	shěn pàn	심판하다
司令部	sī lìng bù	사령부
坦克	tǎn kè	전차
投入	tóu rù	투입하다
迅速	xùn sù	신속하다
战斗	zhàn dòu	전투
占领	zhàn lǐng	점령하다
驻扎	zhù zhā	주둔하다

总司令	zǒng sī lìng	총사령관
道格拉斯·麦克阿瑟	Dào gé lā sī · Mài kè ā sī	더글라스 맥아더 (Douglas MacArthur, 1880~1964). 미국 아칸소주 출신, 제1차 세계대전과 제2차 세계대전에 참전, 한국 전쟁 때 유엔군의 사령관으로 임명되었음

제42화 낙동강 전선 수호와 인천상륙작전 성공

第四十二话 守卫洛东江防线与仁川登陆的成功

韩国军和联合国军与北韩军交战屡次失利, 到1950年8月初, 被迫将洛东江作为最后防线, 局势极为紧迫。在通往大邱的重要战略要地——漆谷郡多富洞, 韩国军和联合国军与北韩军进行了长达25天的激烈战斗, 造成了大量伤亡。在这场战斗中, 由白善烨将军指挥的韩国第一师团成功抵挡了北韩军的进攻, 保卫了大邱, 为阻止大韩民国的赤化作出了巨大贡献。

由麦克阿瑟将军率领的联合国军于1950年9月15日成功实施了仁川登陆作战。这次战役使战局发生了彻底逆转, 韩国军和联合国军于9月28日收复了首尔。10月1日突破三八线, 10月19日进入平壤, 并在平壤市政厅升起了大韩民国的国旗—太极旗。1950年10月22日, 韩国军在平安北道妙香山附近发现并缴获了金日成的苏联制豪华轿车, 10月26日抵达了鸭绿江。当时, 韩国军和联合国军在韩半岛展开了最后的进攻, 即将彻底击败北韩军队, 国家统一似乎指日可待。

단어풀이

参战	cān zhàn	참전하다
赤化	chì huà	공산화하다
抵挡	dǐ dǎng	저지하다
抵达	dǐ dá	도착하다
失利	shī lì	실패하다
贡献	gòng xiàn	기여하다
攻势	gōng shì	공격 세력
登陆	dēng lù	상륙하다
防线	fáng xiàn	방어선
豪华	háo huá	호화롭다
轿车	jiào chē	승용차
缴获	jiǎo huò	압수하다
屡次	lǚ cì	여러 번
洛东江	Luò dōng jiāng	낙동강
逆转	nì zhuǎn	역전하다
驱逐	qū zhú	추방하다
仁川	Rén chuān	인천
率领	shuài lǐng	이끌다
升起	shēng qǐ	올라가다, 게양하다
收复	shōu fù	회복하다다, 올라가다
太极旗	tài jí qí	태극기
突破	tū pò	돌파하다
鸭绿江	Yā lù jiāng	압록강

指挥	zhǐ huī	지휘하다
指日可待	zhǐ rì kě dài	조만간 이루어질 수 있다
战局	zhàn jú	전황
战役	zhàn yì	전역, 전투

제43화 중공군의 참전

第四十三话 中国人民志愿军的参战

金日成在战败危机的笼罩下, 于1950年10月1日亲笔致信毛泽东, 恳求道:"亲爱的毛泽东同志, 敌军正在侵略三八线以北, 恳请您按照承诺派遣军队援助我们"。对此, 毛泽东于10月8日发电通知金日成, 决定出兵, 并迅速派遣了由彭德怀率领的26万中国人民志愿军。中国一直主张, 他们参战是为了抵抗美国的侵略并援助朝鲜 , 因此他们将韩国战争称为"抗美援朝战争"。

当韩国军和联合国军深入北韩地区时, 突然遭到中共军的围攻, 再次陷入了艰苦的战斗中。特别是在咸镜南道长津湖作战的美海军陆战队, 自11月27日至12月11日, 在约15天的时间里, 于零下20至30度的严寒中与中共军队交战, 损失惨重, 约三千名士兵阵亡。

由于北进困难, 韩国军和联合国军于12月15日至26日在兴南展开了撤退作战, 约10万名北韩居民也随军一同撤离。

当时, 美国军用物资运输船"梅瑞迪斯·维克托里号"(Meredith Victory)的船长伦纳德·拉鲁(Leonard LaRue)展现了人道主义精神。他命令将船上的所有武器卸下, 载上1万4千多名难民撤往南方。由此, 梅瑞迪斯 · 维克托里号成为了历史上救援最多人命的船只, 并被载入吉尼斯世界纪录。

1951年1月4日, 韩国军和联合国军被中共军队夺取了首尔。随后, 发起反击, 并于3月15日重新夺回首尔。此后, 双方在三八线附近反复拉锯, 战线陷入了僵局。

단어풀이

撤退	chè tuì	철수하다
撤往	chè wǎng	철수하다
承诺	chéng nuò	약속하다
船只	chuán zhī	선박
敌军	dí jūn	적군
抵抗	dǐ kàng	저항하다
夺取	duó qǔ	빼앗다
反击	fǎn jī	반격하다
艰苦	jiān kǔ	고생스럽다, 힘들다
僵局	jiāng jú	교착 상태
交战	jiāo zhàn	교전하다
救援	jiù yuán	구조하다
吉尼斯世界纪录	Jí ní sī shì jiè jì lù	기네스(Guinness) 세계 기록
恳求	kěn qiú	간청하다
笼罩	lóng zhào	덮다, 감싸다
陆战队	lù zhàn duì	해병대
平壤	Píng rǎng	평양
深入	shēn rù	깊이 들어가다
随军	suí jūn	군과 함께하다
围攻	wéi gōng	포위 공격하다
迅速	xùn sù	신속하다
严寒	yán hán	혹한
卸下	xiè xià	내리다

载入	zài rù	싣다, 적재하다, 데이터를 시스템에 입력하다
遭到	zāo dào	당하다, 맞다
战败	zhàn bài	전쟁에서 패하다
作战	zuò zhàn	전투를 하다
损失	sǔn shī	손실
阵亡	zhèn wáng	전사하다
长津湖	Cháng jīn hú	장진호. 함경남도에 위치, 1950년 11월부터 12월까지 미 해병대와 중공군 간의 치열한 전투가 있었음
伦纳德 · 拉鲁	Lún nà dé · Lā lǔ	레너드 라루(Leonard LaRue, 1914~2001). 한국 전쟁 당시 메리디스 빅토리호의 선장
梅瑞迪斯 · 维克托里号	Méi ruì dí sī · Wéi kè tuō lǐ hào	메리디스 빅토리(Meredith Victory)호. 한국 전쟁 중 활동한 미 해군 수송선

제44화 정전협정과 한미상호방위조약

第四十四话 停战协定与《韩美相互防卫条约》

随着战争的长期化，感到极度疲惫的自由阵营和共产阵营双方开始寻求停战，因此自1951年7月展开了停战会谈。李承晚总统担心停战后美军撤离的话，可能导致韩国再次面临共产势力的侵略威胁，便向美国方面请求签订《韩美相互防卫条约》。对此，美国表现出消极态度。

于是，李承晚总统于1953年6月18日释放了韩国境内战俘营中的约2万7千名反共战俘。此举令美国方面震惊。美国随即提出，以韩国不反对停战协定为条件，签订《韩美相互防卫条约》。最终，1953年7月27日，联合国军总司令马克·克拉克、北韩最高司令官金日成以及中国人民志愿军司令员彭德怀签署了停战协定。

此后，经过韩美双方的谈判，《韩美相互防卫条约》于1953年10月1日在华盛顿正式签署，并于次年1954年11月18日生效。根据该条约，美军将重新驻扎在韩国。该条约还规定，在北韩攻击韩国时，美军将协同防御。直到现在，该条约对韩国的国防发挥着重要作用。

根据韩国战争期间的人员损失统计，韩军阵亡、受伤及失踪人数达62万，平民死亡、受伤和失踪人数约为99万，超过1000万人沦为离散家庭。联合国军阵亡、受伤及失踪人数达15万，北韩军阵亡、受伤及失踪人数为64万，中共军阵亡、受伤及失踪人数达97万。

단어풀이

防卫	fáng wèi	상호 방어
疲惫	pí bèi	피로하다
签订	qiān dìng	체결하다
签署	qiān shǔ	서명하다
生效	shēng xiào	효력을 발생하다
失踪	shī zōng	실종되다
停战	tíng zhàn	휴전
威胁	wēi xié	위협하다
消极	xiāo jí	소극적이다
寻求	xún qiú	추구하다
战俘	zhàn fú	전쟁 포로
震惊	zhèn jīng	충격을 주다
阵亡	zhèn wáng	전사하다
阵营	zhèn yíng	진영
驻扎	zhù zhā	주둔하다
李承晚	Lǐ Chéng wǎn	이승만(1875~1965). 독립운동가, 대한민국의 초대 대통령, 반공과 민주주의를 강조하며 대한민국의 국가 기틀을 마련
马克 · 克拉克	Mǎ kè · Kè lā kè	마크 클락(1896~1984, Mark Wayne Clark). 한국 전쟁 중 유엔군 총사령관으로 재직
彭德怀	Péng Dé huái	팽덕회(펑더화이, 1898~1974). 한국 전쟁에 중국 인민지원군 사령관으로 참전, 문화대혁명 시 탄압을 받아 병사
人民志愿军	rén mín zhì yuàn jūn	중국 인민지원군. 6.25전쟁 중 북한을 지원하기 위해 참전

제45화 대약진운동의 실패

第四十五话 大跃进运动的失败

大跃进运动始于1958年，由毛泽东主导，持续了约两年的经济发展运动。毛泽东宣称要大力发展农业和重工业，并计划在15年内赶超英国和美国的经济水平。为此，毛泽东下令成立大型集体农场——人民公社，以提高农业产量，并倡导集中劳动力进行钢铁生产。

为了提高钢铁产量，毛泽东要求每个村庄都建造所谓的“土法高炉”这种小型炼铁炉，以取代大型钢铁厂。然而，由于农民缺乏炼钢经验，他们制造的钢铁质量非常差。此外，为了获得炼铁所需的燃料，他们大量砍伐树木，导致森林遭到严重破坏。

在大跃进期间，还开展了“除四害运动”。该运动的目标是在12年内消灭苍蝇、蚊子、老鼠和麻雀。为此，中国当局动员了大量人力捕杀麻雀。然而，麻雀这一天敌的消失，导致蝗虫和其他害虫迅速繁殖，对农业造成了严重破坏。最终，大跃进不仅未能推动中国的经济发展，反而导致数千万人的饿死，并对环境造成了严重破坏。

단어풀이

苍蝇	cāng yíng	파리
捕杀	bǔ shā	포획하다
粗劣	cū liè	조악하다
繁殖	fán zhí	번식하다
害虫	hài chóng	해충
蝗虫	huáng chóng	메뚜기
经验	jīng yàn	경험
砍伐	kǎn fá	벌목하다
炼铁	liàn tiě	제철
老鼠	lǎo shǔ	쥐
麻雀	má què	참새
农业	nóng yè	농업
疲惫	pí bèi	피로하다
破坏	pò huài	파괴하다
缺乏	quē fá	부족하다
签订	qiān dìng	체결하다
签署	qiān shǔ	서명하다
燃料	rán liào	연료
土法高炉	tǔ fǎ gāo lú	토법 고로
威胁	wēi xié	위협하다
消灭	xiāo miè	근절하다
消失	xiāo shī	사라지다
寻求	xún qiú	추구하다

跃进	yuè jìn	약진
战俘	zhàn fú	전쟁 포로
阵亡	zhèn wáng	전사하다
阵营	zhèn yíng	진영
驻扎	zhù zhā	주둔하다
质量	zhì liàng	품질
重工业	zhòng gōng yè	중공업

제46화 주자파 타도와 홍위병의 "조반유리"

第四十六话 打倒走资派与红卫兵的"造反有理"

大跃进运动失败后，毛泽东受到了国防部长彭德怀和中共中央副主席刘少奇等人的严厉批评。1959年，中共中央决定让毛泽东辞去国家主席职务。此后，毛泽东一派为了恢复逐渐下降的威信和权力，给批评他的人扣上了"走资派"或"修正主义者"的帽子。

这场斗争从攻击吴晗的戏剧作品《海瑞罢官》开始。《海瑞罢官》讲述了明代清官海瑞因批评暴君嘉靖帝"独断专行，不听忠言"而被罢免的故事。在江青的指示下，姚文元在《文汇报》上发表了一篇题为《评新编历史剧<海瑞罢官>》的文章，声称"该作品中被明代暴君嘉靖帝罢免的海瑞象征着彭德怀，而嘉靖帝则象征着毛泽东。由此可见，中国的艺术界已经被反共势力的阴谋所操控。"

对艺术界的批判逐渐扩散到党、政、军的"反动分子"。年轻的红卫兵高喊着"造反有理"的口号，主张"揪出并清除资产阶级反动分子"和"铲除旧文化与旧思想"。他们肆无忌惮地犯下了破坏、掠夺、杀戮等罪行。在红卫兵极端暴力的狂潮中，许多知识分子、政治家和无辜的市民被拘禁、杀害，甚至被迫自杀。寺庙、祠堂、教堂等宗教场所也遭到了破坏和掠夺。

단어풀이

罢免	bà miǎn	면직하다
暴君	bào jūn	폭군
捕杀	bǔ shā	포획하다
辞去	cí qù	사임하다
打倒	dǎ dǎo	타도하다
斗争	dòu zhēng	투쟁
独断专行	dú duàn zhuān xíng	독단적으로 행동하다
高喊	gāo hǎn	고함치다
攻击	gōng jī	공격하다
红卫兵	hóng wèi bīng	홍위병
经验	jīng yàn	경험
揪出	jiū chū	잡아내다
扩散	kuò sàn	확산하다
掠夺	lüè duó	약탈하다
帽子	mào zi	모자
清除	qīng chú	제거하다
清官	qīng guān	청렴한 관료
杀戮	shā lù	살육하다
声称	shēng chēng	주장하다
肆无忌惮	sì wú jì dàn	거리낌 없이
威信	wēi xìn	위신
无辜	wú gū	무고한
阴谋	yīn móu	음모

造反	zào fǎn	반란하다
忠言	zhōng yán	충언
资产阶级	zī chǎn jiē jí	자본가 계급
走资派	zǒu zī pài	자본가 집단
吴晗	Wú Hàn	오함(1909~1969). 역사학자이자 정치가, 문화대혁명 중 역사극 『해서파관』으로 고초를 겪다가 자살

제47화 문화대혁명의 피해자들

第四十七话 文化大革命的受害者

文化大革命的导火索《海瑞罢官》的作者吴晗于1969年在狱中自杀，他的妻子也在被送往劳改队后死亡。被打成“走资派”的邓小平从1969年到1973年，在江西省南昌的一家拖拉机发动机厂劳动了四年。彭德怀在经过红卫兵的不断批斗后，患上了癌症，最终于1974年11月去世。毛泽东之后接任国家主席的刘少奇被开除党籍后，被流放至河南开封，并在那里病逝。他的妻子王光美则被押送至清华大学，在30万群众面前遭受了屈辱性的批斗，随后被关押在秦城监狱，从1967年7月到1978年12月，整整服刑了11年。

红卫兵甚至挖开了曾任国家副主席宋庆龄父母的墓地。“人民艺术家”老舍被扣上反动分子的帽子，1966年8月，遭到女中学生红卫兵用带有黄铜扣的腰带无数次殴打后，跳入北京的太平湖自杀。

疯狂的文化大革命随着1976年9月9日毛泽东的去世而宣告结束。此后，站在文化大革命最前线、掌控中共中央宣传部和舆论、并煽动红卫兵的“四人帮”—江青、王洪文、张春桥、姚文元，因企图动摇中共权力基础、发动政变的罪名被捕，并被判处重刑。

在这十年动乱中，任何对文革暴力提出批评或对毛泽东表示质疑的人，甚至在家庭成员之间，也会出现相互举报的情况，残杀事件屡见不鲜。文化大革命期间，人与人之间的信任关系被彻底瓦解。与此同时，大量人才遭到迫害，教育水平急剧下降，全国文盲率攀升至40%。大量的传统文化和历史文物也遭到了毁灭性的破坏。

단어풀이

癌症	ái zhèng	암
病逝	bìng shì	병사하다
残酷	cán kù	잔혹하다
残杀	cán shā	잔혹하게 살해하다
导火索	dǎo huǒ suǒ	도화선
动荡	dòng dàng	동요하다
反抗	fǎn kàng	저항하다
愤怒	fèn nù	분노하다
疯狂	fēng kuáng	미친
关押	guān yā	구금하다
毁灭性	huǐ miè	파괴하다, 박멸하다
激烈	jī liè	격렬하다
急剧	jí jù	급격히
检举	jiǎn jǔ	고발하다, 적발하다
监狱	jiān yù	감옥
接替	jiē tì	대체하다
举报	jǔbào	고발하다
开除	kāi chú	제명하다
劳改队	láo gǎi duì	강제 노역대
流放	liú fàng	유배하다
攀升	pān shēng	상승하다
批斗	pī dǒu	비판 투쟁
屈辱	qū rǔ	굴욕
煽动	shān dòng	선동하다

瓦解	wǎ jiě	와해되다
文盲率	wén máng	문맹
先锋	xiān fēng	선구자
押送	yā sòng	호송하다
阴谋	yīn móu	음모
整整	zhěng zhěng	온전한, 꼬박
质疑	zhì yí	의문을 제기하다
走资派	zǒu zī pài	자본가 집단
刘少奇	Liú Shào qí	유소기(유샤오치, 1890~1969). 중화인민공화국의 건국에 기여, 국가 주석과 중앙위원회 부주석 역임, 문화대혁명 중 권력을 잃고 병사
王光美	Wáng Guāng měi	왕광미(왕광메이, 1921~2006). 유소기의 아내
老舍	Lǎo Shě	로사(라오서, 1899~1966). 소설가, 문화대혁명 중 정치적 압박을 받아 극단적인 선택을 하였음
江青	Jiāng Qīng	장칭(장칭, 1914~1991). 모택동의 아내, '사인방'의 일원, 모택동 사망 후 권력을 잃고 체포되었음
王洪文	Wáng Hóng wén	왕홍문(왕홍원, 1935~1992). '사인방'의 일원, 모택동 사망 후 권력을 잃고 체포되었음
张春桥	Zhāng Chūn qiáo	장춘교(장춘차오, 1917~2005). '사인방'의 일원, 모택동 사망 후 권력을 잃고 체포되었음
姚文元	Yáo Wén yuán	요문원(야오원위안, 1931~2005). '사인방'의 일원, 글을 통해 마오주의를 선전, 모택동 사망 후 권력을 잃고 체포되었음

제48화 등소평의 실사구시 정책

第四十八话 邓小平的实事求是政策

1978年12月，在中国共产党第十一届全国代表大会第三次中央委员会全体会议(十一届三中全会)上，邓小平的“实事求是”思想被确立为党的基本方针，并决定将党的工作重心从阶级斗争转移到农业、工业、国防和科学技术等四个领域的现代化。

掌权后的邓小平提出了著名的“黑猫白猫论”，即“无论黑猫白猫，能捉到老鼠就是好猫”，以此推动改革开放政策。中国政府将厦门、深圳、珠海、汕头和海南岛等地设立为经济特区，积极吸引外资，并引入先进技术和科学管理方式。基于经济特区的成功经验，为进一步扩大对外开放，政府随后又指定了14个沿海开放城市。

在农业方面，政府打破了集体生产和集体分配的模式，推行了以家庭为单位的联产承包责任制，从而大幅提高了农业产量。同时，还实施了经济责任制，即允许企业在完成国家规定的生产指标后，自主销售超额部分。随着改革的深入，民营企业逐渐兴起，政府对效率低下、缺乏竞争力的国有企业也开始进行改革。另外，自1980年代初起，员工人数不超过7人的个体户大量涌现，推动了制造业、零售业和服务业的蓬勃发展。

단어풀이

超额	chāo é	초과
低下	dī xià	낮다
分配	fēn pèi	분배
服务业	fú wù yè	서비스업
个体户	gè tǐ hù	개인 사업자
国有企业	guó yǒu qǐ yè	국유 기업
竞争力	jìng zhēng lì	경쟁력
零售业	líng shòu yè	소매업
民营	mín yíng	민영
模式	mó shì	모식
蓬勃	péng bó	왕성한 모양
缺乏	quē fá	부족하다
深入	shēn rù	깊이 들어가다
效率	xiào lǜ	효율
销售	xiāo shòu	판매하다
沿海	yán hǎi	연해
引入	yǐn rù	도입하다
涌现	yǒng xiàn	쏟아져 나오다
掌权	zhǎng quán	권력을 잡다
指标	zhǐ biāo	지표
指定	zhǐ dìng	지정하다
制造业	zhì zào yè	제조업
家庭联产承包责任制	jiā tíng lián chǎn chéng bāo zé rèn zhì	가구별 생산량 연동 도급 책임제. 농민들이 가정 단위로 농작물 생산을 책임지고, 생산량에 따라 수익을 분배받는 제도

제49화 천안문사태

第四十九话 天安门事件

自1980年代以来, 中国经济快速发展, 国家竞争力显著提升。然而, 随着改革开放的推进, 物价飞涨、贫富差距扩大, 腐败问题日益严重, 导致社会的不满情绪逐渐高涨。1989年4月起, 众多大学生和市民聚集在天安门广场举行抗议示威。两个月后, 中共领导层最终决定对此以强硬手段进行镇压。1989年6月4日, 军队向示威者开火, 爆发了被称为'第二次天安门事件'的流血镇压。此次事件造成了大量伤亡和被捕, 不少人被迫流亡他国。

前苏联共产党总书记戈尔巴乔夫自1985年起通过"佩雷斯特罗伊卡(Perestroika, 改革/重建)"和"戈拉斯诺斯特(Glasnost, 开放)"政策, 推动了新闻自由、政治民主化以及市场经济的引入, 并促进了裁军与东西方紧张局势的缓解。然而, 中国政府认为, 正是这些政策引发了苏联的解体, 因此不再允许人民提出民主化的要求和抗议。

美国及其他西方国家对中国政府极其强硬镇压天安门示威感到震惊, 随即中断了与中国的一切交流与合作。然后, 外国对华投资急剧减少, 中国在国际社会中的地位也遭受了严重打击。

단어풀이

被捕	bèi bǔ	체포되다
裁军	cái jūn	군축
差距	chā jù	격차
促进	cù jìn	촉진하다
措施	cuò shī	조치
打击	dǎ jī	타격
飞涨	fēi zhǎng	급등하다
腐败	fǔ bài	부패
高涨	gāo zhǎng	고조되다
急剧	jí jù	급격히
竞争力	jìng zhēng lì	경쟁력
局势	jú shì	국면
聚集	jù jí	모이다
开火	kāi huǒ	발사하다
抗议	kàng yì	항의
流亡	liú wáng	망명
流血	liú xuè	유혈
强硬	qiáng yìng	강경하다
情绪	qíng xù	감정
日益	rì yì	날로
伤亡	shāng wáng	사상자
物价	wù jià	물가
严重	yán zhòng	심각하다
引入	yǐn rù	도입하다

镇压	zhèn yā	진압하다
总书记	zǒng shū jì	총서기
震惊	zhèn jīng	충격
戈尔巴乔夫	Gē ěr bā qiáo fū	고르바초프(Mikhail Gorbachev, 1931~). 1985년부터 1991년까지 소련의 최고 지도자로서, 정치 및 경제 개혁을 주도한 인물
佩雷斯特罗伊卡	Pèi léi sī tè luó yī kǎ	페레스트로이카. 고르바초프의 주도로 시행된 소련의 정치 및 경제 개혁 프로그램
戈拉斯诺斯特	Gē lā sī nuò sī tè	글라스노스트. “개방”이라는 의미, 언론의 자유를 허용하여 정부 비판이 가능해졌고, 사회적 투명성을 증대되었음

제50화 도광양회와 중국몽

第五十话 韬光养晦与中国梦

邓小平从1992年1月到2月，约一个月间，进行了著名的"南巡讲话"，即先后访问深圳、珠海、广州、上海等经济特区并发表重要演讲。他在讲话中强调："中国必须更加大胆地推进改革开放，专注于经济发展。"中国人民再次支持邓小平，之前减少的外资也开始逐步回流。对于外国企业而言，他们难以舍弃中国质优价廉的劳动力资源。

此后，中国每年保持10%以上的经济增长率。随着对财富的追求和消费主义的兴起，人民对民主化的诉求迅速减弱。人们不再为正义牺牲鲜血和生命，而是将目光投向了能够带来财富的赚钱机会。在持续45年以上的改革开放政策下，中国取得了经济发展的辉煌成就，但也面临拜金主义的盛行、贫富差距的扩大及人权问题等一系列负面挑战。

总体来看，尽管中国面临诸多问题，但依照自身规划稳步发展，最终成长为一条腾飞的巨龙。邓小平曾说："我们要稳住阵脚，沉着应付，善于守拙，决不当头，努力奋斗，有所作为。"他的话体现了"韬光养晦"的战略，即隐藏锋芒，悄然积蓄实力。如今，中国在高科技领域取得了长足的进步，还逐步确立了全球技术竞争力。显然，中国已经走出了'韬光养晦'，正朝着中华主义的复兴而迈进。

단어풀이

拜金主义	bài jīn zhǔ yì	배금주의
沉着	chén zhuó	침착하다
当头	dāng tóu	앞에 서다
泛滥	fàn làn	범람하다
负面	fù miàn	부정적인 면
高科技	gāo kē jì	첨단 과학기술
规划	guī huà	계획
辉煌	huī huáng	휘황찬란하다
积蓄	jī xù	축적하다
减弱	jiǎn ruò	약화되다
经济特区	jīng jì tè qū	경제 특구
经济增长率	jīng jì zēng zhǎng lǜ	경제 성장률
巨龙	jù lóng	거대한 용
渴望	kě wàng	갈망하다
浪潮	làng cháo	물결, 흐름
南巡讲话	nán xún jiǎng huà	남순강화
潜藏	qián cáng	숨어 있다
情绪	qíng xù	감정
悄然	qiǎo rán	조용히
强硬	qiáng yìng	강경하다
舍弃	shě qì	버리다
守拙	shǒu zhuō	어리숙함을 지키다
诉求	sù qiú	요구
腾飞	téng fēi	비상하다

韬光养晦	tāo guāng yǎng huì	자신의 재능을 숨기고 어둠 속에서 힘을 키우다
稳步	wěn bù	안정된 걸음
物价	wù jià	물가
效应	xiào yìng	효과
消费主义	xiāo fèi zhǔ yì	소비주의
鲜血	xiān xuè	피
昔日	xī rì	예전
应付	yìng fù	대응하다
隐藏	yǐn cáng	숨기다
总书记	zǒng shū jì	총서기
总体	zǒng tǐ	전체적으로
转向	zhuǎn xiàng	방향을 바꾸다
质优价廉	zhì yōu jià lián	품질 좋고 값이 싸다
邓小平	Dèng Xiǎo píng	등소평(덩샤오핑, 1904-1997). 문화대혁명 이후 권력을 회복한 후 개혁개방 정책을 추진하여 중국의 경제발전을 주도

중국어 본문 해석

제21화 서태후의 청말신정

청나라는 의화단 사건 이후 체결된 신축조약(辛丑條約)에 따라 열강들에게 막대한 배상금을 지불하고 많은 이권을 넘겨주어 국가적 위기가 더욱 심화되었다. 청조의 무능함에 대한 비난 여론이 갈수록 커졌으며, 청조 내부에서는 왕조의 몰락에 대한 위기감이 심각하게 퍼지게 되었다.

청조의 보수파는 1898년 무술변법(戊戌變法)을 진압했지만, 이제는 스스로 전면적인 체제 개혁을 단행해야 했다. 1901년 1월 29일, 서태후(西太后)는 광서제(光緒帝)의 이름을 빌려 새로운 정치를 선언했다. 1911년까지 이어진 이 신정(新政)은 이른바 청말신정(清末新政) 혹은 광서신정(光緒新政)이라고 불리며, 서태후가 주도했기에 자희신정(慈禧新政)이라고도 불린다.

교육 방면에서는, 1905년에 약 1,500년간 유지되어 오던 과거제가 폐지되고 서양식 학교 제도가 도입되었다. 이 시기에 청나라는 해외 유학도 장려하기 시작하였다. 이에 따라 일본으로 유학을 가는 인원이 급증하였다. 일본은 서양 문물을 먼저 받아들여 부국강병의 길을 걷고 있었기 때문이다.

또한 구식 군대를 신식 군대로 재편하기 위해 연병처(練兵處)와 무비학당(武備學堂)을 설립하여 병사와 장교를 양성했다. 하지만, 일본 유학을 통해 새로운 사상을 접한 지식인들과 개혁 성향의 군인들은 청 왕조에 대해 비판적인 태도를 가지게 되었고, 이들은 이후 반청(反清) 혁명의 중심 세력이 되었다.

또한 청조는 정치 체제로서 절대 황정을 포기하고 입헌군주제(立憲君主制)를 추진하였다. 이에 따라 1908년 8월에는 중국 역사상 최초의 헌법인 『흠정헌법대강(欽定憲法大綱)』이 선포되었다. 비록 정치 체제가 입헌군주제로 전환되었으나, 실제로는 형식적인 의회만 생겨났을 뿐 백성들의 권리 향상은 미미하였고 황제의 권한에는 큰 변화가 없었다.

제22화 손문의 혁명활동과 삼민주의 사상

손문은 광동성(廣東省) 농촌에서 태어나서, 13세에 하와이로 유학을 갔다. 그는 그 곳에서 기독교 사상을 접하게 되었고 서양의 정치 체제에 대해 이해하게 되었다. 손문은 1883년 귀국 후 홍콩서의서원에서 의학을 공부하였고, 1892년 졸업 후에는 마카오와 광주(廣州) 등지에서 의사로 활동하였다. 그러나 손문은 의술을 펴는 것보다 중국의 정치 개혁에 더욱 큰 관심과 포부를 지니고 있었다.

1894년 11월, 다시 하와이로 건너간 손문은 호놀룰루에서 혁명단체 흥중회(興中會)를 결성하였다. 손문의 목표는 청나라를 무너뜨리고, 중국에 민주공화국(民主共和國)을 세우는 것이었다. 1895년 10월, 손문이 광주에서 시도한 봉기에 실패하자 청 정부는 그를 반란자로 규정하고 체포령을 내렸다.

이에 손문은 영국 런던으로 피신하였으나, 그 곳에서 청나라 공사관요원들에 의해 납치되어 공사관에 감금되었다. 상황이 위급해지자 손문은 홍콩에서 의학을 공부할 때 그의 스승이었던 제임스 캔틀리(James Cantlie) 목사에게 납치 사실을 알렸다. 캔틀리 목사는 곧 언론과 정치계에 손문의 상황을 전파하였고 이에 따라 영국 내에서 손문의 석방을 요구하는 여론이 형성되었다. 결국 손문은 납치된 지 12일 만에 석방되었고, 이 사건을 계기로 저명한 혁명가로서 명성을 얻게 되었다.

손문의 삼민주의는 민족주의(民族主義), 민권주의(民權主義), 민생주의(民生主義)로 구성된다. 그 중 민생주의는 자본의 절제, 토지의 균등 분배, 경자유전(耕者有田)을 강조한 것이다. 민족주의는 만주족의 전제정치와 외세의 침략에서 벗어나자는 것이며, 민권주의는 평민들을 위해 민주정치를 실시해야 한다는 주장을 표현한 것이다.

第23화 중국동맹회(中國同盟會)의 탄생

손문은 혁명에 성공하려면 보다 체계적이고 통일된 혁명단체와 혁명운동이 필요함을 깨달았고 여러 혁명 단체를 하나로 통합하였다. 당시 손문의 흥중회 외에도 대표적인 혁명단체로, 호남성 출신의 황흥(黃興)과 송교인(宋教仁) 등이 중심이 되어 조직한 화흥회(華興會), 그리고 채원배(蔡元培), 장병린(章炳麟), 추근(秋瑾) 등이 주도한 광복회(光復會)가 있었다. 이들은 1905년 8월 20일, 일본 도쿄에서 단일 혁명 조직인 중국동맹회(中國同盟會)를 결성하였으며, 손문이 총리로 추대되었다.

중국동맹회의 강령은 "구제달로(驅除韃虜), 회복중화(恢復中華), 창립민국(創立民國), 평균지권(平均地權)"이라는 16글자로 요약된다. 즉, 만주족을 몰아내고 중화를 회복하며, 민주공화국을 창립하고, 토지를 균등하게 분배하자는 것이다.

중국동맹회는 출범 직후 10여 차례의 무장 봉기를 일으켰으나 성과를 거두지 못했다. 그 중 1911년 4월 27일 황흥의 지휘 하에 광주에서 일으킨 황화강기(黃花崗起義)는, 청조가 밀정을 통해 이들의 계획을 사전에 파악하여 실패로 돌아갔다. 이 봉기로 사망한 72명의 열사는 광주의 황화강에 안장되어 있다.

제24화 사천보로(四川保路) 운동

혁명의 불씨는 이른바 "이권회수운동"을 계기로 다시 타올랐다. 당시 중국인들은 외국 자본으로 건설된 철도와 공장이 중국을 경제적으로 수탈하고 있다는 인식을 보편적으로 지니고 있었고, 이에 일부 애국적인 지주, 상공업자, 그리고 부유한 화교들은 민족 자본으로 철도와 공장을 건설하자는 운동을 벌였다.

그러나 영국, 미국, 독일, 프랑스 4개국은 청 정부에 철도를 국유화할 것을 요구했고, 청 정부는 1911년 민영 철도를 국유화한 후 이들 4개국으로부터 차관을 들여와 철도 건설을 추진하려 했다. 청 정부는 이미 민영철도 건설에 투자한 사람들에게는 채권을 발행하여 철도에서 이익이 발생한 후 상환하겠다고 발표하였다.

이처럼 민간인들의 이익이 박탈되고 기존의 철도 운영권과 부설권이 외국으로 넘어갈 위기에 처하자, 사천성 성도의 민간단체들이 사천보로동지회(四川保路同志會)를 결성하고 격렬한 시위를 벌였다. 이들은 또 납세거부, 동맹 휴학 등을 통하여 저항 의지를 표출하였다.

사천성 총독 조이풍(趙爾豊)은 당초 보로운동을 지지하였으나, 청 정부의 철도 국유화에 대한 강경한 입장을 확인한 후 태도가 돌변하여 보로운동을 적극 진압하였다. 그는 계엄령을 선포하고 군대를 동원해 시위대에게 발포하여 20여 명이 사망하였다. 이를 "성도혈안(成都血案)"이라 한다.

第25화 신해혁명(辛亥革命)과 중화민국의 탄생

"성도혈안"으로 군중들의 분노가 극에 달하여 사천성 각지에서 무장봉기가 일어나자, 청조는 호북성(湖北省) 무창(武昌)에 주둔 중이던 신군(新軍)의 일부를 사천성 시위 진압에 동원하였다. 이에 따라 청조의 무창에 대한 관리가 소홀해졌고 이를 틈타 무창에 남아있던 신군 내 동맹회원들이 봉기를 결의하였다.

1911년 10월 10일 저녁 7시, 무창 신군의 혁명파 군인들이 탄약고를 점령하였고, 이튿날에는 호광(湖廣)총독부를 장악하였다. 이 봉기가 바로 신해혁명의 도화선이 된 무창봉기(武昌起義)이다. 대만에서는 이 날을 "쌍십절(雙十節)"이라 부르며 중화민국의 건국일로 기념하고 있다.

그 후, 각지의 동맹회원들이 잇달아 봉기하여 혁명의 불길은 곧 중국 전역으로 빠르게 확산되었고, 한 달여 만에 전국 24개의 성(省) 중 화북지구와 동북지구를 제외한 17개 성이 청조로부터의 독립을 선언하였다. 이는 청조에 대한 민중들의 반감이 매우 뿌리 깊음을 증명한다고 볼 수 있다.

이후 각 성의 대표들이 남경에 모여 12월 29일 대표대회를 열었다. 이 대회에서 17개 성의 대표들이 1성 1표로 투표한 결과, 손문이 압도적인 지지로 임시 대총통에 선출되었다. 1912년 1월 1일, 손문은 남경에서 중화민국이 탄생하였음을 선포하며 임시대총통에 취임하였다. 이에 따라 1912년은 민국(民國) 원년(元年)으로 정해졌다. 그해 선통제(宣統帝)가 퇴위하면서 청조는 공식적으로 막을 내렸다.

第26화 송씨(宋氏) 세 자매

손문의 마지막 부인 송경령(宋慶齡)은 중국 현대사의 유명한 송씨 가문 세 자매 중 한 명이다. 아버지 송가수(宋嘉樹)는 미국 밴더빌트대학(Vanderbilt)에서 기독교 신학을 공부하고 감리교 선교사가 되었다.

그는 귀국 후 출판사를 운영하며 중국어 성경을 인쇄해 판매했고, 기계 수입 등의 사업을 통해 부를 축적하였다. 그는 상해에 대저택을 지어서 가족들과 함께 살았는데 가족들 간에 중국어가 아닌 영어를 일상 언어로 사용하며 귀족적이고 세련된 생활을 하였다. 그러나 송가수는, 세상을 바꾸고자 하는 손문의 사상에 매료되어 부유한 삶에 안주하지 않고 손문의 혁명 활동을 지원하였다.

송가수에게는 세 딸과 세 아들이 있었는데, 세 아들도 모두 유명인사였지만, 딸들의 명성이 더욱 높았다. 세 자매 중 첫째 딸 송애령(宋藹齡)은 13세 때 미국으로 유학을 떠나 웨슬리안 여자대학(Wesleyan College)을 졸업하였다. 그녀는 1914년 부유한 은행가 공상희(孔祥熙)와 결혼하여 "돈을 사랑한 여인"이라는 별명을 얻었다.

둘째 딸 송경령은 1915년 아버지의 친구이자 중화민국 건국의 아버지 손문과 결혼하였다. 그녀는 손문의 사상에 영향을 받아 공산당을 지지하였기에 중화인민공화국 수립 후에도 대만으로 가지 않고 대륙에 남아 공산당 정권 하에서 국가부주석을 역임하였다. 이 때문에 그녀는 "중국을 사랑한 여인"이라는 별명으로 불렸다.

막내 딸 송미령(宋美齡)은 매사추세츠의 웰즐리(Wellesley) 여자대학에서 유학하였고, 1927년 손문의 후계자 장개석(蔣介石)과 결혼하여 "권력을 사랑한 여인"이라 불렸다. 장개석은 철저한 반공주의자였기에, 공산당을 지지하였던 송경령과 자주 갈등을 빚었다.

第27화 손문의 사퇴와 원세개의 등장

신해혁명으로 중화민국이 탄생하였으나, 당시 군권을 장악하고 있었던 자는 청나라 신군의 최고 실력자인 군벌 원세개였다. 원세개는 그의 부하인 단기서(段祺瑞), 풍국장(馮國璋) 등을 통하여 군사력을 강화하였다.

비록 중국 국민들은 혁명 세력을 지지하였으나, 혁명 세력은 재정과 군사력 면에서 매우 취약했다. 결국 손문은 1912년 2월, 원세개에게 임시 대총통 자리를 양보하게 되었다. 손문이 사임하면서 원세개에게 제시한 조건은 청조의 황제를 퇴위시켜 공화정을 실시하는 것과 남경으로의 천도였다. 하지만 원세개는 남경 천도 약속을 지키지 않았고, 한 걸음 더 나아가 선통제를 퇴위시킨 후 자신이 스스로 황제가 되려고 하였다.

1912년 8월, 손문은 황흥(黃興), 송교인(宋教仁) 등과 함께 중국동맹회 및 군소 정당을 연합하여 국민당(國民黨)을 결성하였다. 국민당은 1913년 2월 중화민국 건립 이후 치러진 첫 총선에서 압도적인 승리를 거두었다. 그러나 1913년 3월 20일, 국무총리 취임이 확실시되던 31세의 젊은 국민당의 지도자 송교인이 괴한의 총에 맞아 암살된 후 원세개의 전횡은 더욱 거침없어졌다. 원세개는 국회의 동의를 거치지 않고 외국으로부터 차관을 들여와 통치자금으로 사용하는 등 전횡을 일삼았다.

국민당은 이에 맞서 1913년 7월 혁명 세력을 규합하여 "원세개 타도"를 외치며 제2차 혁명이라 불리는 봉기를 일으켰지만, 원세개의 군대에 의해 쉽게 진압되었다. 손문은 1913년 11월 다시 일본으로 망명을 떠났다.

제28화 원세개, 일본의 21개 조 요구 수용

1914년 8월, 제1차 세계대전이 발발하자 일본은 영일(英日)동맹에 따라 독일에 선전포고를 하고, 독일이 지배하던 산동성(山東省) 청도(青島)를 점령하였다. 일본은 독일의 세력권이었던 산동반도를 차지한 후 이를 바탕으로 중국 전역에 영향권을 행사하겠다는 의도를 지니고 있었다.

또한 1915년 1월, 일본은 원세개에게 황제의 자리에 오르도록 도와주는 것을 조건으로 이른바 "21개조 요구"를 받아들일 것을 요구하였다. 권력욕에 가득 차 있었던 원세개는 1915년 5월 9일 이를 받아들이고 말았다. 21개조 요구의 주요 내용은 다음과 같다: 1) 중국은 일본이 만주 남부에서 이권을 확대하고 강화하는 것을 승인한다, 2) 독일이 산동반도에서 가졌던 권리를 일본에 양도한다, 3) 일본인이 중국 내에서 철도와 광산을 경영할 수 있도록 그 권리를 인정한다, 4) 정치 · 재정 · 군사 부문에서 일본인 고문을 초빙하고 일본인 경찰을 다수 채용한다.

일본의 산동반도 점령과 21개조 요구가 알려지자 중국내의 지식인, 해외 화교, 유학생들은 거세게 반발하였다. 이들은 원세개 정부의 매국 외교를 강하게 비판하였고, 5월 9일을 국치(國恥)기념일로 정하였다.

제29화 원세개 독재정치의 종결과 군벌의 득세

원세개는 어용 정치단체『주안회籌安會』를 이용하여 군주제 부활의 여론을 조성하고, 사회 하층민을 매수하여 자신의 황제 등극을 위한 청원운동을 벌이도록 지시하는 등 황제가 되기 위해 온갖 저열한 방법을 동원하였다. 그는 1915년 12월 전국국민대회를 개최하여 청나라 관료 및 귀족 출신 "국민대표" 1,993명의 투표를 통해 중국의 국체를 공화정에서 입헌군주제로 바꾸었고, 이들의 지지를 바탕으로 황제의 자리에 올랐다.

원세개가 황제 자리에 오르자 전국적으로 반발이 넘쳐났다. 운남성 총독을 지냈던 채악(蔡鍔)과 당계요(唐繼堯)는 호국군을 결성하여 원세개 토벌에 나섰고, 원세개의 최측근인 풍국장과 단기서도 그의 황제 등극에 반대하였다. 결국 원세개는 석 달 후인 1919년 3월 황제 자리를 포기하였고, 그 해 6월 6일 병으로 사망하였다. 원세개가 사망한 후에도 그의 부하들이 권력을 이어받아 북양군벌 체제는 그대로 유지되었으나, 그 내부에서는 본격적으로 권력 다툼이 벌어지기 시작했다.

당시 대총통은 신해혁명에 참가하였던 여원홍이었지만, 실질적으로는 단기서(段祺瑞)의 안휘파(安徽派), 장작림(張作霖)의 봉천파(奉天派), 그리고 풍국장(馮國璋)의 직례파(直隸派) 등이 권력을 놓고 대립하고 있었다. 이들은 각국 열강으로부터 무기와 차관을 지원받고, 농민과 상인들에게 세금을 부과하며 군사비를 충당하였다. 이들 군벌들 간에 전쟁이 빈번하게 발생함에 따라 백성들의 삶은 더욱 피폐해졌다.

제30화 파리강화회의와 5.4운동

중국은 1919년 1월부터 6월까지 열린 파리 강화회의에 대표단을 파견하였다. 중국 대표단의 가장 큰 목적은 독일이 산동성에서 가지고 있었던 이권을 되찾고, 일본과 원세개 사이에 체결된 '21개조 불평등조약'을 무효화하는 것이었다. 그러나 약소국이었던 중국은 그 뜻을 이루지 못하였다.

파리강화회의의 소식이 전해지자, 학생 단체를 중심으로 전국적인 반일 운동과 매국노 규탄 운동이 일어났다. 1919년 5월 4일, 수많은 학생과 시민들이 북경 천안문(天安門) 광장에 모여 대규모 시위를 벌였다. 분노한 시위대는 21개조 요구를 수용하였던 외교부 차장 조여림(曹汝霖)의 집을 불태웠다. 파리강화회의 중국대표단은 국내의 심상치 않은 분위기에 압박감을 느껴 결국 베르사이유 궁에서 있었던 강화조약 조인식 참석을 거부하였다.

오사운동의 의의는 정치적 발언권이 없었던 학생, 노동자, 상인 등 일반 민중들이 목소리를 내어 자신들의 요구를 관철시켰다는 점에서 큰 의의가 있다. 이처럼 민중들이 적극적으로 정치에 참여할 수 있게 된 것에는 1915년경부터 시작된 신문화운동의 역할이 컸다고 할 수 있다.

신문화운동은 중체서용을 강조한 양무운동과 정치제도의 개혁을 실천하고자 하였던 무술변법의 수준을 뛰어넘은 사상적 혁명이라고 할 수 있다. 원세개의 복벽의 시도에 실망한 지식인들은 국력의 약화와 정치사회적 부패를 극복하기 위해서는 그 정신적 근원인 유교를 타파해야 한다고 보았다. 따라서 그들은 유교의 상명하복적 질서와 가부장적이며 위계질서를 중시하는 가족 제도, 그리고 여기에서 비롯된 민중에 대한 억압과 여성 차별에 대한 비판을 전개해 나아갔다.

제31화 신문화운동과 신문학

1915년 9월 진독수(陳獨秀)가 발간한 잡지『신청년(新青年)』은 신문화운동의 발전에 중요한 역할을 했다.『신청년』은 서구의 민주와 과학의 가치를 발양하여 구사회의 폐단을 타파하고 혁신해야 함을 주장했다. 당시 중국에서는 민주(德謨克拉西 Democracy)와 과학(賽因斯 Science)을 의인화하여 "덕(德) 선생과 새(賽) 선생을 잘 모셔야 한다."는 말이 유행하였다. 여기에서 유교의 전통문화를 대신하여야 할 것은 서구의 자유주의, 민주주의, 과학주의, 개인주의라는 신념이 중국 사회에 이미 널리 확산되기 시작하였음을 알 수 있다.

신문학은 신문화운동의 발전에 커다란 역할을 하였다. 컬럼비아대학 박사 출신이자 1917년부터 북경대학 교수로 재직한 호적(胡適)은『문학개량추의(文學改良芻議)』에서, 일상적인 대화에서 사용하는 백화(白話)로 문학 창작을 해야 한다고 주장하였다. 모두가 쉽게 이해할 수 있는 백화로 사상과 감정을 표현해야 일반 백성들을 계몽하기에 수월하다고 판단하였기 때문이다.

1918년 노신은『신청년』에 중국 최초의 백화 단편소설『광인일기(狂人日記)』를 발표하였다. 노신은 이 작품에서, 온 주변 사람들과 동네 개마저 자신을 잡아먹으려 한다는 피해망상증에 시달리는 광인(狂人)의 입을 통하여 4천 여 년의 중국의 역사를 식인의 역사라고 비유하여 말하였다. 즉, 그는 유교적 이념이 지배하였던 전통 사회에서는 상층 계급이 하층민을 끊임없이 억압하고 착취해왔다고 주장하였던 것이다.

제32화 마르크스주의의 전파와 중국공산당의 수립

1917년 10월, 러시아에서는 볼셰비키 혁명이 성공하여 제정 러시아가 무너지고 사회주의 정권이 수립되었다. 1919년에는 자본주의 세력과 제국주의 열강에 대항하여 전 세계의 공산주의자들이 공동으로 투쟁하자는 취지에서, 레닌의 러시아 공산당이 주도하여 국제공산당 코민테른(Comintern)을 결성하였다. 이후 러시아 소비에트 정권과 코민테른에서는 공산주의를 전 세계로 확산시키고 제국주의를 타도하기 위해서는 중국에 공산당을 세워야 한다고 판단하였다.

1919년 7월, 러시아 외무인민위원 레프 카라한은 이른바 "카라한 선언"을 발표하였다. 제정 러시아가 중국에서 탈취한 영토와 이권을 포기하고 의화단운동에 대한 배상금인 경자배관(庚子賠款)을 요구하지 아니한다는 내용이었다. 이 선언으로 중국의 지식인들은 러시아에 대해 신뢰와 호감을 갖게 되었고, 중국내에서 마르크스주의에 대한 연구 열기가 높아졌다.

북경대학 교수 이대조(李大釗)와 진독수(陳獨秀)는 마르크스주의 전파에 앞장섰으며, 코민테른의 도움을 받아 1921년 중국공산당을 창당하는데 공헌하였다. 1921년 7월 상해의 프랑스 조계와 가흥의 남호에서 열린 중국공산당 제1차 전국대표대회에는 모택동 등 13명의 대표가 참석하여 자산 계급 타도와 무산 계급 독재를 결의하였다.

第33화 제1차 국공합작(國共合作)과 북벌

1919년 10월, 손문은 상하이에서 중국국민당을 창립한 후, 소련과 연합하고 공산당을 받아들이는 정책을 천명하였다. 손문의 바램대로, 중국국민당과 중국공산당은 코민테른의 중재로 1924년 1월에 제1차 국공합작을 결성, 함께 연합하여 제국주의와 군벌을 타도하기로 결의하였다.

중국국민당에서는 1924년 6월 중국국민당육군군관학교, 일명 황포군관학교를 설립하였고 이 학교의 초대 교장으로 장개석을 임명되었다. 1925년에 중국국민당은 국민혁명군을 창설하였다. 국민혁명군은 황포군관학교 출신 군관들과 장개석의 지휘 하에 조직된 군대로, 북벌 운동을 추진하는 데 중요한 역할을 하였다.

그러나 1925년 손문이 사망하자, 국민당 내에서 우파와 좌파 사이에 갈등이 격화되었다. 장개석은 1926년 북벌을 시작하여 1927년 3월 상해에 입성하였지만, 공산당이 주도한 대규모 노동자 파업에 직면하자 같은 해 4월12일 이를 참혹하게 강경 진압하였다. 이로 말미암아 제1차 국공합작은 붕괴되었다.

1928년 4월 장개석의 국민혁명군은 북벌을 재개하였다. 당시 북경의 정권을 장악하고 있던 봉천파의 장작림(張作霖)은, 그가 탔던 열차가 일본군에 의해 폭파되어 사망하였다. 1928년 6월, 장개석은 북경에 입성하여 북벌의 완성을 선언하고, 온 북경 시내에 국민당을 상징하는 청천백일만지홍(青天白日滿地紅)기를 내걸었으며 남경(南京)을 수도로 정한다고 발표하였다. 이로써 중국 전역에서 국민당의 통치가 시작되었다.

제34화 정강산 투쟁과 중화소비에트 공화국 수립

제1차 국공합작이 결렬된 후, 중국공산당은 주은래(周恩來), 주덕(朱德), 하룡(賀龍), 엽정(葉挺) 등의 인물들이 중심이 되어 1927년 8월 1일 국민당의 방비가 비교적 허술했던 강서성(江西省) 남창(南昌)에서 봉기를 일으켰다. 그들은 남창을 점령하고 혁명위원회를 설치하였으나 국민당군의 포위 공격으로 5일 만에 진압되었다. 이후 공산당이 호북(湖北), 하남(河南), 섬서(陝西), 광동(廣東) 등지에서 일으킨 봉기도 모두 실패하였다.

이 때 모택동은 무장 봉기를 통해 도시에서 근거지를 확보하려는 전략이 잘못되었음을 깨달았다. 그리하여 그는 1927년 12월 약 1,000명의 병력을 이끌고 강서성(江西省)과 호남성(湖南省)의 경계에 위치한 정강산(井冈山)으로 들어가서 그곳을 근거지로 삼아 점차 세력을 확장하였다. 모택동은 군의 규율을 엄격히 하였고 강서, 호남지역에서 지주들의 토지를 몰수하여 농민들에게 분배하는 정책을 실시하였다. 이를 통해 민심을 얻은 덕에, 곳곳으로 공산당의 세력을 확장할 수 있었고, 홍군의 병력도 크게 증가하였다.

공산당의 성장에 대해 위협을 느낀 장개석은 1930년 12월부터 1931년 7월까지 토벌작전에 나섰으나, 공산당의 신출귀몰한 게릴라 전술로 인해 그들을 쉽게 진압할 수 없었다. 이에 크게 고무된 공산당은 1931년 11월 강서성 서금(瑞金)에서 중화소비에트 공화국(中華蘇維埃共和國)의 수립을 선포했다.

第35화 류조호사건과 만주국의 수립

일본 관동군(關東軍)은 1931년 9월 18일 중국 동북지역의 주요 도시인 봉천(奉天) 북쪽에 위치한 류조호(柳條湖)에서 자신들이 장악하고 있던 남만주철도를 스스로 폭파하였다. 그들은 이를 중국군의 소행이라고 조작하여 발표한 후 봉천에 대하여 공격을 개시하였다. 관동군은 봉천 및 장춘(長春) 등 요녕성(遼寧省)과 길림성(吉林省)의 주요도시를 점령하였고 흑룡강성(黑龍江省)으로 세력을 확장하였다.

그러나 장개석은 공산당 토벌이 더 중요한 일이라고 판단하여, 동북군 사령관 장학량에게 일본군에 저항하지 말 것을 명령하였다. 이 때문에, 장학량은 아버지 장작림(張作霖)이 일본의 열차 폭파에 의해서 사망한 후 일본에 커다란 적개심을 품고 있었지만 "저항하지 않는 장군(不抵抗將軍)"이라는 불명예스러운 별명을 얻었으면서도 끝내 일본의 침략에 저항하지 못하였다.

일본은 1932년 초까지 만주 전역을 점령한 후, 같은 해 3월 1일 청나라의 마지막 황제였던 부의(溥儀)를 국가원수로 삼아 만주국을 수립하였다. 만주국은 표면적으로 만주족의 국가였으나, 사실상 일본의 식민지에 불과하였다.

제36화 중국공산당의 대장정

1930년대 초, 장개석이 이끄는 국민당은 공산당에 대한 대대적인 토벌 작전을 벌였고, 공산당은 이에 맞서 강서성(江西省)에서 소비에트 정부를 세우고 농민들을 기반으로 한 혁명을 시도하고 있었다. 그러나 국민당은 대규모 병력을 동원해 공산당을 포위하고 지속적으로 압박하며 토벌 작전을 이어갔다. 결국 모택동은 1934년 10월, 강서(江西) 지역을 포기한 채 약 8만6천 명의 홍군을 이끌고 탈출을 감행하였다. 그들은 국민당의 세력이 미치지 않는 새로운 근거지를 찾아 서쪽으로 크게 우회한 후 동북쪽으로 이동하였기에, 이를 "대장정(大長征)"이라고 부르게 되었다.

대장정의 길은 무려 1만2천 킬로미터에 달하였고, 이는 매우 험난한 여정이었다. 이에 참가한 홍군들은 18개 산맥의 1천여 개의 산을 넘고, 24개의 강을 건너며, 14개의 성(省)을 경과하는 동안 끊임없이 국민당군의 추격과 자연의 장벽에 맞서 싸워야 했다. 대장정 과정에서 홍군은 국민당군과의 전투뿐만 아니라, 혹독한 추위, 질병, 식량 부족 등 다양한 어려움에 직면하여 많은 인원이 희생되었다.

결국 1935년 10월, 홍군 주력부대가 섬서성 연안(延安)의 오기진(吳起鎭)에 도착했을 때, 생존자는 처음 출발 인원의 10분의 1인 약 8천 명에 불과했다. 장정을 마친 홍군은 극도로 지친 상태였으며, 이 시점에서 국민당군이 대대적인 소탕 작전을 감행했다면 공산당의 운명은 위태로웠을 것이다. 그러나 국민당 내부의 갈등과 장학량(张学良)의 서안사변(西安事变)으로 인해 공산당에 대한 결정적인 공격은 이루어지지 않았고, 이는 공산당이 재기를 할 수 있는 중요한 전환점이 되었다.

제37화 서안사변의 발생

1932년 일본은 괴뢰국인 만주국(滿洲國)을 세운 후, 1935년 화북(華北) 지방으로도 침략의 손길을 뻗쳤다. 일본은 화북 지역의 다섯 개 성(省)의 군벌과 정치 지도자들을 매수하거나 압박하여, 이들이 국민당 정부로부터 자치 독립을 선언하도록 만들었다. 이러한 자치 운동은 일본이 꼭두각시 정권을 세우려는 시도에서 비롯된 것이었다.

한편, 일본의 침략은 중국 공산당에게 회생의 기회로 작용하였다. 공산당은, 국민당과 공산당이 함께 항일 투쟁에 나서야 한다는 명분을 확보여 국민당의 토벌을 멈추게 하고, 공동 항일의 기간을 틈타 자신들의 역량을 축적하여 재기를 노리려는 의도를 지니고 있었다. 1935년 12월 9일, 북경지역에서 수천 명의 학생들이 "내전 중지, 일치 항일(一致抗日)"을 요구하며 시위를 벌였는데, 이는 공산당 측에 유리한 여론을 조성하는 데 큰 도움이 되었다.

그러나 장개석(蔣介石)의 "외적을 물리치려면 먼저 내부를 안정시켜야 한다(攘外必先安內)"는 방침에는 변화가 없었다. 장개석은 공산당 토벌을 위해 공산당 근거지인 연안(延安) 근처 서안(西安)에 장학량(張學良)과 양호성(楊虎城)을 파견한 후, 그들의 작전을 독려하기 위해 직접 서안을 방문하였다.

뜻밖에도 장학량과 양호성은 12월 12일 장개석과 그의 참모들을 전격적으로 감금하고, "내전을 중지하고 공산당과 연합하여 항일 투쟁에 나설 것"을 강력하게 요구하였다. 결국, 1936년 12월 25일, 장개석은 이들의 요구를 받아들여 석방되었다. 이 사건은 서안사변(西安事變)으로 불린다. 장학량은 이 사건 이후 투옥되어 10년간 복역한 뒤, 1946년 대만으로 압송되었다. 그는 대만에서 1988년까지 가택 연금 생활을 하였다.

第38화 노구교사건과 중일전쟁

1937년 7월 7일 북경 외곽에 위치한 노구교(蘆溝橋)에서 야간 훈련 중이던 일본군 병사 1명이 행방불명되는 사건이 발생하였다. 이 병사는 잠시 후 부대로 복귀하였으나, 일본군은 국민당군 관할 지역을 수색하겠다고 나섰다. 국민당군이 이를 거절하자 일본군은 이튿날인 1937년 7월 8일 새벽 국민당군 부대에 포격을 가하였고, 다음 날 대규모 병력을 중국에 파견하여 전쟁이 벌어졌다.

1937년 8월 전쟁은 상해로 확대되었고, 이에 국민당과 공산당 양당은 제2차 국공합작에 의한 항일투쟁을 결정하였다. 일본은 1937년 11월에는 상해를 함락하였고, 12월에는 수도 남경을 점령하였다. 이에 장개석은 장기전에 대비하기 위해 수도를 남경에서 중경(重慶)으로 옮겼다. 일본군은 1937년 12월부터 1938년 2월까지 남경에 남아 있던 수많은 중국인들을 잔혹하게 학살하였다.

중일전쟁이 장기화되며 전장이 확산되자, 미국은 일본의 중국 침략을 반대하며 중국을 지원하였고, 1939년 7월 일본에 대한 군수 물자 및 원자재 수출 금지 조치를 단행하였다. 그러자 일본은 동남아시아로 눈길을 돌렸다. 그들은 서양 세력을 몰아내고 공동 번영을 추구하자는 내용을 담은 이른바 "대동아공영권(大東亞共榮圈)" 구축을 주장하며 동남아시아 지역에서 자원 및 노동력을 수탈하려 하였다.

第39화 일본의 패망과 국공내전의 발발

일본은 1941년 12월7일 자신들의 세력 확장을 방해하는 미국을 향해 진주만 공격을 감행하여 미국에 큰 피해를 입혔다. 미국은 일본에 선전포고를 하였고, 곧이어 태평양을 사이에 두고 미일 간에 치열한 전투가 전개되었다. 미국은 1944년 6월부터 일본 본토에 대해 지속적으로 폭격을 가하였으며, 마침내 1945년 8월 히로시마와 나가사키에 원자 폭탄을 투하하였다. 원폭의 가공할만한 위력을 실감한 일본은 무조건 항복할 수밖에 없었고, 이에 따라 8년간의 중일전쟁도 막을 내리게 되었다.

일본이 항복한 후, 미국의 대중국 정책은 장개석의 국민당이 주도하고 공산당이 참여하는 통일된 연합 정부를 수립하여, 이를 바탕으로 아시아 지역에서 미국의 이익을 추구하는 것이었다.

그러나 8년간의 중일전쟁 동안 국민당이 독재를 강화하며 민심을 잃어가는 반면, 공산당은 농민들의 지지를 받으며 영향력을 넓혀갔다. 마침내 1946년 7월부터 국민당과 공산당은 중국 대륙의 주도권을 두고 치열한 내전을 벌이게 되었다. 내전이 격화됨에 따라, 미국은 장개석의 국민당 정부를 중국의 유일한 합법 정부로 인정하게 되었다."

제40화 중화인민공화국의 수립

국공내전 초기, 국민당군은 미국으로부터 지원받은 우수한 무기를 바탕으로 전세를 유리하게 이끌었다. 그들은 1947년 공산당의 근거지 연안을 점령하였고 각 성(省)의 많은 주요 도시를 점령하였다. 그러나 국민당군은 점령한 지역들을 지키기 위해 병력을 분산시키는 가운데 고립을 자초하게 되었다.

민심 역시 공산당에게 기울어져 있었다. 공산당의 홍군은 중일전쟁기간 동안 인민을 위한 군대로 이미지를 포장하며 백성들의 지지를 얻어내었다. 이에 반하여, 국민당은 집권당이었기에, 전쟁으로 인해 발생한 빈곤과 혼란, 부패와 부조리에 대한 원망은 온전히 국민당에게 집중될 수밖에 없었다. 중국공산당은 이 점을 적절히 파고들어 선전 선동에 몰입하였고, 대중의 여론을 자신들에게 유리하게 유도할 수 있었다.

인민해방군은 기세등등하게 요심(遼瀋)전역, 회해(淮海)전역, 평진(平津)전역 등 3대 전역(戰役)에서 모두 국민당군을 격파하였다. 인민해방군은 1949년 1월 31일 북경에 입성하였고, 4월 23일 중화민국의 수도 남경을 함락했으며, 5월 27일에는 상해를 점령하였다. 모택동은 1949년 10월1일 북경 천안문 광장에서 중화인민공화국 성립을 선포하였다. 인민해방군은 11월 30일에는 중화민국 정부의 임시수도였던 중경(重慶)을 함락하였다. 패배한 장개석은 그 해 12월 10일 성도(成都)에서 대만으로 탈출하였고, 패잔병 50만 명과 및 피난민 200여 만 명이 그의 뒤를 따랐다.

제41화 한국전쟁의 발발

김일성은 1949년 3월에 처음으로 모스크바를 방문하여 스탈린과 만나 한국 침략 계획에 대한 승인을 요청했으나 당시 스탈린은 미국의 개입을 우려하여 김일성의 요청을 거부하였다. 그러나 1949년 6월 미군이 한국에서 철수하는 중대한 변화가 발생하였다. 또한 1949년 10월 중국에 공산당 정권이 수립되자, 스탈린은 국제정세의 흐름이 공산진영에 유리하게 전개되고 있다고 판단하기 시작하였기에, 1950년 4월 10일 모스크바를 또다시 방문한 김일성에게 남침전쟁을 승인해주었다.

1950년 6월25일 새벽 북한군이 기습 남침을 감행하여 마침내 전쟁이 발발하였다. 소련제 탱크로 무장한 북한군은 남침 사흘만인 6월28일 서울을 점령하여 중앙청에 인공기를 내걸었고 시민들을 대상으로 무자비한 인민재판과 숙청을 자행하였다.

그해 7월 7일 유엔 안전보장이사회에서는 유엔군사령부 설치를 의결하였고, 더글라스 맥아더 장군이 유엔군 총사령관으로 임명되었다. 이후 미국을 비롯한 16개국에서 대한민국을 돕기 위해 군대를 파병하였고, 5개국에서 의료지원, 39개국에서 물자지원에 나섰다.

비록 유엔군이 7월 초 한국에 도착하여 전투에 참여하였으나, 준비 부족과 병력의 열세로 인하여 북한군에게 패배를 거듭하였다. 북한군은 순식간에 대구, 부산 등 경상도 지역 일부를 제외한 한국의 대부분의 영토를 점령하였다.

제42화 낙동강 전선 수호와 인천상륙작전의 성공

국군과 유엔군은 북한군과의 전투에서 패배를 거듭하여 1950년 8월 초에 이르러서는 낙동강을 최후의 방어선으로 삼기에 이르렀다. 이 때 대구로 통하는 전술적 요지인 칠곡군 다부동에서는 국군 및 유엔군이 북한군을 상대로 25일간에 걸쳐 치열한 전투를 벌여 많은 사상자가 발생하였다. 이 전투에서 백선엽 장군이 지휘하는 국군 1사단은 북한군의 공격을 저지하여 대구를 지켜내고 적화통일을 막아내는데 큰 공헌을 하였다.

맥아더가 이끄는 UN군은 1950년 9월15일 인천상륙작전을 감행하여 성공하였다. 이 때부터 전세가 완전히 역전되어 국군과 유엔군은 9월28일 서울을 수복하였다. 10월 1일에는 38선을 돌파하였고 10월 19일에는 평양에 입성하여 평양시청에 대한민국 국기인 태극기를 내걸었다. 1950년 10월22일 평안북도 묘향산 인근에서 김일성의 소련제 리무진을 발견하여 노획하였고, 10월26일에는 압록강에 도달하였다. 바야흐로 국군과 유엔군은 한반도에서 공산군을 몰아내기 위한 마지막 공세에 돌입하게 되었고 조국통일을 눈앞에 두고 있었다.

第43화 중공군의 전쟁 개입

패전의 위기감에 사로잡힌 김일성은 1950년 10월 1일 모택동에게 친필 편지를 보내어 간청하였다. "친애하는 모택동 동지시여, 적군이 38도선 이북을 침공한 이때에 약속한 바와 같이 파병을 해주십시오." 이에 대해 모택동은 10월 8일 김일성에게 파병 결정 사실을 통보하는 전보를 보내었고, 곧 팽덕회(彭德懷)가 이끄는 중국인민지원군 26만 명을 파병하였다. 중국은 당시 참전을 통하여 미국의 침략에 대항하고 북한을 지원했다고 주장하며 한국전쟁을 "항미원조전쟁"이라고 부른다.

북한 지역 깊숙이 진격해 들어갔던 국군과 유엔군은 중공군의 포위공격을 받아 악전고투에 시달렸다. 특히 함경남도 장진호(張津湖)로 진출하였던 미 해병부대는 11월 27일부터 12월11일까지 약 15일간 영하 20~30도의 혹한 속에서 치러진 중공군과의 전투에서 3천여 명의 전사자가 발생하는 피해를 입었다.

국군과 유엔군은 더 이상 북쪽으로 진격하기 어렵다는 판단 하에 12월15일부터 26일까지 흥남에서 철수작전을 전개하였는데, 이때 북한 주민 10만 여명도 군인들과 함께 탈출하였다. 당시 미국 군사물자운송선 메러디스 빅토리(Meredith Victory)호의 레너드 라루(Leonard LaRue) 선장은 배에 실린 무기를 전부 내리도록 하고 피난민 1만 4천여 명을 태워서 남쪽으로 철수하는 인도주의적 정신을 보여주었다. 이로써 메러디스 빅토리호는 역사상 가장 많은 인명을 구조한 배로 기네스북에 등재되었다.

국군과 유엔군은 1951년 1.4 후퇴로 서울을 중공군에 내주었지만 다시 반격하여 3월15일 서울을 탈환하였다. 그 후 양측은 38선을 중심으로 밀고 밀리는 일진일퇴의 과정을 되풀이하였다.

제44화 정전조약과 한미상호방위조약

전쟁이 장기화되자, 극도의 피로감을 느낀 자유 진영과 공산 진영 양측은 휴전을 모색하게 되었기에, 1953년 3월 정전 회담이 열렸다. 이승만 대통령은 휴전 후 미군이 철수하면 한국이 다시 공산 세력의 침략 위협에 처할 것을 우려하여, 미국 측에 한미상호방위조약 체결을 요청했다. 이에 대해 미국 측이 소극적인 태도를 보이자, 이승만 대통령은 1953년 6월 18일 한국 내 포로 수용소에 갇혀 있던 2만 7천여 명의 반공 포로를 석방하였다. 미국 측은 이 사태에 충격을 받고, 한미상호방위조약을 체결하기 위한 조건으로 한국 측이 정전 협정을 반대하지 말 것을 제시하였다. 결국 1953년 7월 27일 유엔군 총사령관 마크 클라크과 북한 최고 사령관 김일성, 중국 인민지원군 사령관 팽덕회 간에 정전 협정이 체결되었다.

이후 한미 간 협상을 거쳐 1953년 10월 1일 한미상호방위조약이 워싱턴에서 정식으로 체결되었고, 이듬해인 1954년 11월 18일에 발효되었다. 이에 따라 미군이 한국에 주둔하게 되었으며, 조약에는 북한의 남침 공격 시 미군이 자동적으로 전투에 투입된다고 명시되어 있어 한국의 국방에 큰 도움이 되고 있다.

한국전쟁 중 물적, 인적 피해에 대한 통계를 살펴보면, 국군 전사자 및 부상자, 실종자는 62만 명에 달하며, 민간인 사망, 부상, 실종자는 약 99만 명에 이르렀고, 1천만 명이 넘는 이산가족이 발생하였다. 유엔군의 사상자 및 실종자는 15만 명에 달했으며, 북한군의 사상자 및 실종자는 64만 명, 중공군의 피해는 사상자 및 실종자는 97만 명에 달하였다.

제45화 대약진운동의 실패

대약진운동은 1958년부터 모택동이 주도하여 약 2년간 지속되었던 경제발전 운동이다. 모택동은 농업과 중공업을 크게 발전시켜 15년 안에 영국과 미국의 수준의 넘어설 것이라고 선언하였다. 모택동은 대형 집단농장인 인민공사를 설립하여 농업 생산량을 증가시키고, 노동력을 집중시켜 철강을 생산하도록 독려하였다.

그는 철강 생산을 위해 각 마을마다 '토법고로'라고 불리는 소형 용광로를 설치하여 대형 제철소를 대신하게 하였다. 그러나 제철 경험이 전무한 농민들이 만든 철강은 매우 품질이 조악하였다. 게다가 용광로에 필요한 연료를 얻기 위해 나무를 대량으로 벌목하면서 삼림이 파괴되었다.

또한, 대약진운동 기간에는 '사해 박멸 운동'이라는 활동도 진행되었다. 이 운동의 목표는 12년 안에 파리, 모기, 쥐, 참새를 박멸하는 것이었다. 이에 따라 중국 당국은 대규모 인력을 동원하여 참새를 사냥하게 했다. 그러나 참새라는 천적이 사라지자 메뚜기와 다른 해충이 급격히 번식하여 농업에 심각한 피해를 입혔다. 결국 대약진 운동은 중국 경제를 발전시키기는커녕 수천만 명이 굶어 죽는 결과를 초래하였고, 환경에도 심각한 피해를 입혔다.

제46화 주자파 타도와 홍위병의 "조반유리"

대약진운동이 실패한 후, 모택동은 국방부장 팽덕회와 중국공산당 중앙위원회 부주석 유소기 등으로부터 심한 비판을 받았고, 1959년, 중국공산당 중앙위원회는 모택동이 국가주석 직을 사임하도록 결정했다. 그 후 모택동 측은 추락한 권위와 권력을 회복하기 위해 자신을 비판하는 사람들을 '주자파' 또는 '수정주의자'로 몰아갔다.

이 공작은 오함의 희곡 작품『해서파관』을 공격하는 것으로부터 시작되었다.『해서파관』은 명대의 청렴한 관리 해서가 폭군 가정제를 "독단적이며 충언을 듣지 않는다."고 비판하여 파면된 이야기를 다룬 있는 작품이다. 요문원은 모택동의 부인 강청의 지시에 따라『문회보』에『신편 역사극 해서파관을 평함』이라는 제목의 글을 발표하여, "이 작품 속에서 명대의 폭군 가정제에 의해 파면된 해서는 팽덕회를, 가정제는 모택동을 상징한다. 중국의 예술계는 반공산주의 세력의 음모에 의해 지배되고 있음을 알 수 있다"고 주장하였다.

예술계에 대한 비판은 점차 당, 정, 군의 '반동분자'를 향하여 확대되었다. 젊은 홍위병들은 "조반유리(반란은 정당하다)"는 구호를 외치며 "자산계급 반동분자를 색출하여 숙청할 것"과 "낡은 문화와 사상을 척결할 것"을 주장하였다. 그들은 거리낌 없이 파괴, 약탈, 살인 등의 범죄를 저질렀다. 광기에 사로잡힌 홍위병들의 극단적인 폭력 속에서 많은 지식인, 정치인, 무고한 시민들이 구금되거나 살해당했으며 자살로 내몰렸다. 사찰, 사당, 교회 등 종교 기관들도 파괴되고 약탈당했다.

제47화 문화대혁명의 피해자들

문화대혁명의 발단이 되었던『해서파관』의 작가 오함은 1969년 옥중에서 자살하였고, 그의 부인도 노동개조대로 끌려간 후 사망하였다. 주자파로 몰렸던 등소평은 1969년부터 1973년까지 4년간 강서성(江西省) 남창(南昌)의 트랙터 엔진 공장에서 노동을 해야 했고, 팽덕회는 끊임없이 이어지는 홍위병들의 비판투쟁 끝에 암에 걸려 1974년 11월 사망하였다. 모택동으로부터 국가주석 직을 이어받았던 유소기는 당에서 제명된 후 하남성 개봉으로 유배된 후 병을 얻어 사망하였다. 그의 아내 왕광미(王光美)는 청화대학으로 끌려가 30만 명의 군중 앞에서 치욕적인 비판을 당한 후 진성(秦城)감옥에 수감되어 1967년 7월부터 1978년 12월까지 무려 11년간이나 복역하였다.

홍위병들은 국가부주석을 지내었던 손문(孫文)의 아내 송경령(宋慶齡)의 부모의 묘도 파헤쳤다. 인민예술가 로사(老舍)는 반동문인으로 낙인찍혀 1966년 8월 여중생 홍위병들에게 놋쇠 버클이 달린 허리띠로 수없이 구타당한 후 북경 태평호(太平湖)에 투신자살하였다.

광기어린 문화대혁명은 1976년 9월 9일 모택동 사망 이후 막을 내리게 되었다. 그 후 문화대혁명의 선봉에 서서, 중국공산당 선전부와 언론을 장악하고 홍위병을 선동하였던 강청(江青), 왕홍문(王洪文), 장춘교(張春橋), 요문원(姚文元) 등 4인방(四人幇)들은 중국 공산당의 권력 기반을 흔들고 쿠데타를 시도하였다는 혐의로 모두 체포되어 중형을 받았다.

10년 대동란의 기간 중, 문혁의 폭력성을 비난하거나 모택동에 대하여 비판을 할 경우 가족 간에도 서로 고발을 하고, 심지어 살육이 행하여지기도 하였다. 그러므로 문화대혁명 시기에는 사람 간의 신뢰 관계가 철저히 붕괴되었다고 할 수 있다. 또한 인재가 말살되었고, 교육 수준이 하락되어 전국의 문맹률이 40%로 상승하였으며, 전통문화 및 역사 유물이 상당 부분 파괴되는 손실을 입었다.

第48화 등소평의 실사구시 정책

1978년 12월 제11기 중국공산당전국대표대회(中國共產黨全國代表大會) 제3차 중앙위원회 전체회의(11屆三中全會)에서는 등소평의 "실사구시(實事求是)"론을 당의 방침으로 확정하였고, 당 사업의 중심을 계급투쟁이 아닌 농업, 공업, 국방, 과학기술 등 4개 부문의 현대화에 두기로 하였다.

실권을 장악한 등소평은 "검은 고양이든 흰 고양이든 쥐만 잘 잡으면 그것이 바로 좋은 고양이"라는 이른바 흑묘백묘론(黑描白描論)을 내세워 개혁개방 정책을 추진하였다. 중국 정부는 하문(厦門), 심천(深圳), 주해(珠海), 산두(汕頭), 해남도(海南島) 등을 경제특구로 지정하여 외국 기업의 투자를 적극 받아들였고, 선진기술 및 과학적 관리 방식을 도입하였다. 경제특구의 성공을 바탕으로 더 많은 도시에서 개방을 확장하기 위해 뒤이어 14개의 연해개방도시도 지정하였다.

농업 분야에서는 공동생산, 공동 분배의 방식을 타파하고 가구별 생산량 연동 도급 책임제(家庭聯產承包責任制)를 도입하여 농업생산량이 크게 증가되었다. 또한 경제책임제가 실시되어 국가가 정한 생산량을 기업이 초과 달성할 경우, 초과 생산량에 대한 부분을 기업이 자율적으로 판매할 수 있도록 하였다. 민영기업도 생겨나기 시작하였으며, 효율성과 경쟁력이 낮은 국유기업에 대한 개혁도 진행되었다. 종업원 7명 미만의 자영업자를 뜻하는 개체호(個體戶)도 출현하여 제조업, 판매업, 서비스업 등이 활성화되었다.

제49화 천안문사태

중국은 1980년대 이후 급속도로 경제가 발전하고, 국가경쟁력이 가파르게 향상되었다. 그러나 개혁개방 이후 물가가 급상승하고 빈부격차와 부정부패가 심화되었기에 이에 저항하는 인민들의 목소리가 높아졌다. 1989년 4월부터 천안문광장에는 대학생과 시민들이 운집하여 시위를 벌였고, 두 달 후 마침내 중국공산당 지도부는 이에 대해 강경 진압을 선택하였다. 1989년 6월4일 군대의 시위대에 대한 발포로 제2차 천안문사태로 불리는 유혈사태가 발생하였다. 천안문사태로 인해 많은 사람이 사망하였고, 투옥되었으며 해외 망명자도 속출하였다.

소련의 공산당 서기장 고르바초프의 주도로 1985년부터 실시된 '페레스트로이카(개혁, 재건, 개편)'와 '글라스노스트(개방)' 정책은 언론의 자유, 정치 민주화, 시장경제의 도입에 공헌하였으며, 군축 및 동서의 긴장 완화를 가져왔다. 그러나 중국 정부에서는 이것이 바로 소련의 붕괴를 초래하였다고 판단하였기에 인민들의 민주화 시위를 더 이상 묵과할 수 없었던 것이다.

미국 및 기타 서방국가들은 천안문 시위에 대한 강경 진압에 경악하여 중국과의 모든 교류협력을 중단하였다. 이에 따라 외국인의 대중 투자가 급감하였고 국제사회에서 중국의 위상은 실추되었다.

第50화 도광양회와 중국몽

등소평은 1992년 경제특구를 순회하는 남순강화(南巡講話)를 결행하여 "중국은 더욱 과감하게 개혁개방정책을 전개해 나가야하고 경제발전에 힘써야 한다."고 강조하였다. 중국의 백성들은 다시 등소평을 지지하였고 급감하였던 외국 자본도 회귀하였다. 외국 기업의 입장에서는 중국의 질 좋고 값싼 노동력을 포기할 수 없었던 것이다.

그 후 중국은 매년 10% 이상의 경제 성장을 지속하였고 부에 대한 욕망과 소비주의의 물결에 의해, 민주화의 요구가 빠르게 묻혀갔다. 사람들은 이제 피를 흘리는 정의 대신 돈벌이가 가져다주는 부를 추구하게 되었다. 45년 이상 지속되고 있는 개혁개방정책은 중국에 경제발전이라는 빛과 함께 황금만능주의의 만연, 빈부격차 및 인권 문제 등의 어두움을 동시에 가져다주었다.

전반적으로 볼 때 중국은 수많은 문제점을 지니고 있음에도 스스로의 계획에 따라 발전하여 거대한 용으로 성장하였다. 등소평은 "발판을 튼튼히 하여 내부를 안정시켜야 하고(穩住陣脚), 침착하게 대응해야 하며(沉着應付), 우직함을 지키고(善于守拙), 절대 국제 사회의 리더가 되려고 하지 않아야 한다(決不當頭). 열심히 노력하여 성취를 얻어야 한다(有所作爲)"고 말하였다. 한 마디로 "도광양회(韜光養晦)", 즉 재능을 감추고 보이지 않는 곳에서 꾸준히 실력을 키워야 함을 강조한 것이다. 그 결과 중국은 현재 첨단 산업 분야에서도 발전을 거듭하여 세계적인 기술 경쟁력을 확보해 나아가고 있다. 바야흐로 중국은 도광양회를 넘어 과거 화려했던 중화주의의 번영을 꿈꾸고 있는 중이다.

이태준

중앙대학교 중어학과 및 동대학원 중어중문학과 졸업.
1994년 대한민국 교육부 주관 국비유학시험 중국어문학 분야 수석 합격, 국비장학생으로 중국 화동사범대학(華東師範大學) 중문학과에서 유학. 1998년 박사학위 취득.
2001년부터 가천대학교 교수로 재직 중.

주요논저

『청화대학(淸華大學)의 체육과 매이기(梅貽琦)의 전인(全人)교육관』
『신해혁명(辛亥革命) 이전 채원배(蔡元培)의 여성교육 연구』
『채원배(蔡元培)의 보수적 학생운동관과 독일 대학의 이념』
『매이기(梅貽琦)의 교육사상과 국립서남연합대학(國立西南聯合大學)』
『중국현대문학의 작가와 작품』
『국립청화대학(國立淸華大學) 총장 나가륜(羅家倫)의 교육사상 연구』
『매이기(梅貽琦)와 나가륜(羅家倫)의 교육적 실천 및 신인문주의 한계 극복 방안 연구』
『전국책파(戰國策派) 연구의 활성화와 중국의 정치·외교 노선』
『중국어로 탐구하는 중국근현대사(상)』 등

중국어로 탐구하는
중국근현대사 하

초판 1쇄 발행 _ 2024년 12월 25일

저 자 · 이 태 준
발행인 · 정 현 걸
발 행 · 신 아 사
인 쇄 · 삼일문화
주 소 · 서울특별시 은평구 통일로 59길 4 (2층)
전 화 · (02) 382-6411 팩스 · (02) 382-6401
홈페이지 · www.shinasa.co.kr
E-mail · shinasa@daum.net
출판등록 · 1956년 1월 5일 (제 9-52호)

ISBN : 979-11-7342-000-9 (93720)

정가 17,000원

이 저서는 2024년도 가천대학교 교내연구비 지원에 의한 결과임. (GCU-202400080001)